한 달에 7kg 빠지는
다이어트 레시피

율로리아 송혜영 지음

길벗

한 달에 7kg 빠지는 다이어트 레시피
The Diet recipes losing your weight of 7kg in a month.

초판 발행 · 2021년 3월 22일
초판 3쇄 발행 · 2021년 4월 15일

지은이 · 송혜영(율로리아)
발행인 · 이종원
발행처 · (주) 도서출판 길벗
출판사 등록일 · 1990년 12월 24일
주소 · 서울시 마포구 월드컵로 10길 56 (서교동)
대표전화 · 02) 332-0931 | **팩스** · 02)323-0586
홈페이지 · www.gilbut.co.kr | **이메일** · gilbut@gilbut.co.kr

편집팀장 · 민보람 | **기획 및 책임편집** · 서랑례(rangrye@gilbut.co.kr) | **디자인** · 신세진 | **제작** · 이준호, 손일순, 이진혁
영업마케팅 · 한준희 | **웹마케팅** · 김선영, 김윤희 | **영업관리** · 김명자 | **독자지원** · 송혜란, 윤정아

교정 · 추지영 | **사진** · studioW 이원엽 | **푸드스타일리스트** · 김지현 | **푸드스타일링 어시스턴트** · 장미진, 이지은
CTP 출력 · 인쇄 · 제본 · 금강인쇄

- 잘못된 책은 구입한 서점에서 바꿔 드립니다.
- 이 책에 실린 모든 내용, 디자인, 이미지, 편집 구성의 저작권은 (주)도서출판 길벗과 지은이에게 있습니다.
- 허락 없이 복제하거나 다른 매체에 옮겨 실을 수 없습니다.

ISBN 979-11-6521-508-8(13590)
(길벗 도서번호 020173)

정가 15,800원

독자의 1초까지 아껴주는 정성 길벗출판사
(주)도서출판 길벗 | IT실용, IT/일반 수험서, 경제경영, 취미실용, 인문교양(더퀘스트) www.gilbut.co.kr
길벗이지톡 | 어학단행본, 어학수험서 www.eztok.co.kr
길벗스쿨 | 국어학습, 수학학습, 어린이교양, 주니어 어학학습, 교과서 www.gilbutschool.co.kr
페이스북 · www.facebook.com/gilbutzigy | **트위터** · www.twitter.com/gilbutzigy

독자의 1초를 아껴주는 정성!
세상이 아무리 바쁘게 돌아가더라도
책까지 아무렇게나 빨리 만들 수는 없습니다.

인스턴트 식품 같은 책보다는
오래 익힌 술이나 장맛이 밴 책을 만들고 싶습니다.

땀 흘리며 일하는 당신을 위해
한 권 한 권 마음을 다해 만들겠습니다.

마지막 페이지에서 만날 새로운 당신을 위해
더 나은 길을 준비하겠습니다.

독자의 1초를 아껴주는 정성을 만나보십시오.

아는 맛 때문에 자꾸 실패하는 다이어트. 열심히 운동하는데도 빠지지 않는 체중. 난 그냥 물만 마셔도 찌는 체질인가 보다 했어요. 다이어트에 효과적이라는 방법들을 시도해봤지만 성공하기는 쉽지 않고 언제나 돌아오는 얘기는 "식단 조절 안 하실 거예요"라는 말이었죠. 먹는 양을 조금 줄여보고, 튀긴 음식도 피하며 나름 노력했지만 잘 빠지지 않는 살. 특히 출산 후 불어난 뱃살은 정말 빠지지 않고, 힘들게 빼도 조금만 방심하면 다시 늘어나곤 했어요.

급기야 어느 날 위층 할머니가 "아유, 둘째 가졌나 보다!" 하시는 거예요. 임신한 줄 착각할 정도로 불어난 뱃살은 정말 골칫덩이였습니다. 아이를 낳기 전에는 어떤 옷도 척척 소화했는데 임신 전에 입었던 옷은 입을 수가 없게 되었죠. 출산 후에 옷을 사러 가면 눈도 마주치지 않던 매장 직원. 사이즈 있냐고 물어보면 퉁명스럽게 "없어요!" 하는 말에 마음의 상처를 입고 돌아오곤 했답니다.

이전 직장에는 나와 비슷한 체격의 사람들이 대부분이었는데, 새로 옮긴 회사에는 날씬한 사람들만 있었어요. 그때 유행하던 치랭스를 모두 입고 다니는 거예요. 나도 한번 입어보고 싶어서 샀는데 뱃살과 푸짐한 엉덩이 때문에 입기 힘들었어요. 그때 정한 목표가 "나도 치랭스 한번 입어보자" 하는 것이었어요.

나름 식단도 조절하고 운동도 열심히 했지만 트레이너 선생님도 "신기하게 회원님은 뱃살이 안 빠지네요"라고 할 정도였습니다. 너무 힘들어서 울기도 했죠. 다이어트 카페에 내 식단 사진과 함께 "이렇게 먹는데도 안 빠져요"라고 글을 올리자 아주 따가운 댓글이 달렸어요. "탄수화물을 이렇게 잔뜩 먹고, 더구나 이렇게 큰 도시락통이라니, 살이 빠지길 바라는 건 양심도 없는 거예요."

칼로리만 줄였을 뿐 탄수화물 식단이었어요. 그때는 단지 기분이 나빠서 두고 보자는 마음으로 더 열심히 다이어트를 했어요. 죽지 않을 만큼만 먹었죠. 하루 900kcal. 매 식사마다 음식 양을 저울에 달아보고, 영양 성분을 체크하고, 칼로리를 계산하고, 먹기 전 꼭 사진을 찍어두었죠. 그렇게 일주일을 보내니 몸에 변화가 생기기 시작했어요. 하지만 매번 정말 힘들었어요.

어느 날 지역 맘카페에서 "함께 다이어트 밴드 하실 분 모집해요"라는 글을 보고 신청했어요. 매주 체중계 인증샷과 식단 인증샷을 올려 서로 공유하고, 가장 많은 감량률을 보인 사람에게 선물을 주었어요. 감량률 1등이 될 때까지 정말 열심히 했고, 함께 공유하면서 다이어트를 하니 성공 욕구가 더 강해졌어요. 그렇게 몇 주 후 드디어 바뀐 앞자리 숫자. 아침에 소리를 지르며 정말 펄쩍펄쩍 뛰었어요. 그때 세상 다 가진 듯 행복한 표정을 남편은 지금도 잊지 못한다고 합니다.

하지만 계속 다이어트를 하거나 빠진 체중을 유지하려면 가장 힘든 것이 식단이었어요. 잠깐 방심하면 요요가 오고, 먹고 싶은 것을 참으려니 스트레스가 너무 쌓였죠. 아는 맛이 가장 무섭다는 말이 있죠. 그래서 아는 맛을 다이어트에 맞게 요리하기 시작했어요. 탄수화물을 줄이는 대신 단백질을 늘리고, 몸에 좋은 지방을 선택하고, 양껏 먹기 위해 채소를 더하고, 최대한 아는 맛에 가깝게 만들었어요. 먹는 것에 대한 스트레스를 줄이니 다이어트가 더 즐겁고 체중 감량과 유지도 쉬웠어요.
최고의 성형은 다이어트라고 하죠. 탄수화물을 줄이고 단백질과 좋은 지방으로 맛있게 먹을 수 있는 식단으로 여러분 모두 다이어트에 성공할 수 있습니다.
이 책에는 제가 먹고 직접 뺀 다이어트 레시피를 전부 모아 소개했습니다. 꼭 여러분들에게 도움이 되길 바랍니다.
그리고 운동은 꼭 해야 합니다. 헬스장에 갈 시간이 없다면 하루 만보 걷기라도 실천해 보세요. 힘들게 운동한 거 아까워서라도 식욕을 참을 수 있고, 운동으로 늘린 근육은 하루 이틀 식단 조절에 실패해도 빨리 회복되니까요.
무엇보다 일찍 일어나고 일찍 잠드는 수면 습관을 들이세요. 늦은 밤 깨어 있으면 야식이 당기기 마련이니까요. 일찍 자야 피부에도 좋고 깊은 수면을 해야 다이어트에 도움이 됩니다.
다이어트 성공은 끝이 없습니다. 힘들게 이루어낸 체중 감량을 계속 유지하는 것이 중요합니다.

2021년 3월 율로리아

일러두기

유튜버 욜로리아의 다이어트 꿀팁

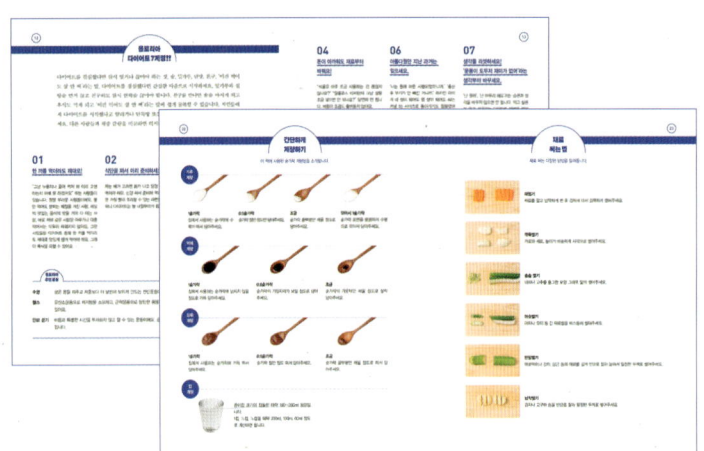

다이어트를 하면서 지켜야 할 마음가짐과 레시피를 만들면서 필요한 재료와 도구들을 소개합니다. 또한 이 책에 사용된 계량법 및 재료 써는 방법을 알기 쉽게 풀어놓았습니다.

따라하면 살 빠지는 다이어트 식단

저자가 직접 먹고 살을 뺀 2주 파워 식단과 유지기 식단을 실었습니다. 어떤 원리로 살이 빠지고 어떤 점을 지켜야 하는지 주차별로 자세하게 소개합니다. 또한 우리 책의 레시피를 바탕으로 나만의 식단을 짜볼 수 있는 식단표를 제공합니다.

맛있고 건강한 다이어트 레시피 소개

주재료와 드레싱, 양념 재료를 구분해서 보여줍니다.

재료 손질부터 완성까지 걸리는 시간과 밀폐용기에 넣어 냉장 보관할 수 있는 기간을 한눈에 보여줍니다.

모든 요리 과정은 자세한 사진과 친절한 설명으로 풀어냈습니다.

욜로리아가 해당 레시피에서 다이어트 관련해서 알려주고 싶은 한마디를 적어두었습니다.

욜로리아가 강조하는 조리 과정에 필요한 팁과 주의 사항을 알려줍니다.

미리 알려드립니다.

- 책에 소개된 레시피는 유튜버 욜로리아의 레시피를 책의 특성에 맞게 정리 수정한 것입니다. 현재 욜로리아의 유튜브 계정에 올라와 있는 영상 속 레시피와는 차이가 있을 수 있습니다.
- 보관 기간은 냉장 보관 기준입니다. 냉장고의 상태에 따라 보관기간이 달라질 수 있습니다.
- 책에 소개된 식단은 유튜버 욜로리아가 직접 먹고 살을 뺀 식단을 그대로 공개한 것입니다. 사람에 따라 감량 여부는 차이가 있을 수 있습니다.

Contents

- 004 Prologue
- 006 일러두기

Intro 다이어트 시작하기

- 012 욜로리아 다이어트 7계명!!
- 014 욜로리아 다이어트 Best & Worst Food
- 016 구독자 Q&A
- 020 욜로리아 기본 레시피
- 021 욜로리아 간식 레시피
- 022 간단하게 계량하기
- 023 재료 써는 법
- 024 살 빠지는 2주 파워식단
- 026 다이어트 유지기 한 달 식단

Part 1. 다이어트 도시락

- 030 연어비빔밥
- 032 시금치프리타타
- 034 양배추두부쌈
- 036 양배추참치두부롤
- 038 야채가득양배추롤
- 040 두부유부초밥
- 042 밥 대신 두부김밥
- 044 밥 없는 야채김밥
- 046 닭가슴살김밥
- 048 메밀김밥
- 050 밥 없는 단백질주먹밥
- 052 단탄지주먹밥
- 054 두부샌드위치
- 056 오이게살주먹밥
- 058 우삼겹쌈밥
- 060 닭가슴살채소볶음
- 062 간장치킨덮밥
- 064 저칼로리 비빔밥
- 066 소고기짜장밥
- 068 밀프렙 소고기볶음밥
- 070 밀프렙 새우볶음밥
- 072 밀프렙 곤드레나물비빔밥
- 074 밀프렙 가지나물밥

Part 2. 다이어트 샐러드

- 078 감자참치샐러드
- 080 닭가슴살양배추샐러드
- 082 연어콥샐러드
- 084 훈제삼겹살샐러드
- 086 구운가지두부샐러드
- 088 참치샐러드
- 090 스테이크샐러드
- 092 쉬림프파스타샐러드
- 094 돼지목살샐러드
- 096 닭가슴살샐러드
- 098 푸실리에그샐러드
- 100 부추해물샐러드
- 102 우삼겹샐러드
- 104 리코타치즈샐러드
- 106 시금치연어샐러드
- 108 브로콜리두부샐러드
- 110 오징어샐러드

Part 3. 다이어트 샌드위치

- 114 추억의 양배추샌드위치
- 116 양배추샐러드샌드위치
- 118 불고기샌드위치
- 120 두부스테이크샌드위치
- 122 견과류치킨샌드위치
- 124 와사비게맛살샌드위치
- 126 참치샌드위치
- 128 반숙란샌드위치
- 130 할라피뇨게맛살샌드위치
- 132 닭가슴살샌드위치
- 134 햄치즈샌드위치
- 136 할라피뇨에그샐러드샌드위치
- 138 닭가슴살토르티야
- 140 불고기토르티야
- 142 크래미토르티야
- 144 훈제오리토르티야
- 146 연어토르티야
- 148 두부토르티야
- 150 반미

Part 4. 다이어트 한 그릇

- 154 참치치즈오트밀
- 156 오트밀참치죽
- 158 오나오(오버나이트오트밀)
- 160 곤약잡채
- 162 닭가슴살냉채
- 164 훈제오리파채무침
- 166 소고기숙주볶음
- 168 소고기채소국수
- 170 소고기버섯볶음
- 172 소고기덮밥
- 174 연어스테이크
- 176 시금치해물볶음
- 178 토달볶음
- 180 에그인헬
- 182 바지락순두부
- 184 소고기뭇국
- 186 소고기미역국

Part 5. 다이어트 주말 특식

- 190 매운새우떡볶이
- 192 곤약두부꼬치
- 194 분짜
- 196 오이미역냉국수
- 198 쫄면인줄
- 200 콩국수
- 202 라타투이
- 204 토르티야피자
- 206 떠먹는 고구마피자
- 208 반짱느엉
- 210 오징어순대
- 212 두부오징어볶음
- 214 부추오믈렛
- 216 단호박에그슬럿
- 218 index
- 220 나만의 다이어트 식단표

Intro
다이어트 시작하기

욜로리아 다이어트 7계명!!

다이어트를 결심했다면 잠시 잊거나 끊어야 하는 것. 술, 밀가루, 단맛, 친구, '이건 먹어도 살 안 쪄'라는 말. 다이어트를 결심했다면 간절한 마음으로 시작하세요. 밀가루와 설탕을 먼저 끊고 친구와도 잠시 연락을 끊어야 합니다. 친구를 만나면 술을 마시게 되고 후식도 먹게 되고 '이건 먹어도 살 안 쪄'라는 말에 쉽게 굴복할 수 있습니다. 지인들에게 다이어트를 시작했다고 알리거나 단톡방 또는 밴드 등의 다이어트 모임에 참여해보세요. 다른 사람들과 체중 감량을 비교하면 의지가 더 불끈불끈 솟아오릅니다.

01 한 끼를 먹더라도 제대로!

"그냥 누룽지나 끓여 먹지 왜 이리 고생하는지 이해 못 하겠어요" 하는 사람들이 있습니다. 정말 부러운 사람들이에요. 물만 먹어도 살찌는 체질을 가진 사람, 세상의 맛있는 음식의 맛을 거의 다 아는 사람, 바로 저와 같은 사람은 아무거나 대충 먹어서는 식욕이 채워지지 않아요. 그런 사람들은 다이어트 중에 한 끼를 먹더라도 제대로 맛있게 챙겨 먹어야 해요. 그래야 폭식을 피할 수 있어요.

02 식단을 짜서 미리 준비하세요!

저는 배가 고프면 예민해지고 당장 뭐라도 먹어야 해요. 신경 써서 준비해 먹지 않으면 가장 빨리 조리할 수 있는 라면을 먹게 되니 다이어트는 늘 내일부터가 됩니다.

03 도시락은 필수!

다이어트를 본격적으로 하려면 도시락을 꼭 싸 가지고 다니세요. 지금은 예전보다 다이어터를 위한 다양한 메뉴가 있지만 아무래도 선택의 폭이 좁아요. 탄수화물은 적고 단백질 함량은 높은 도시락을 싸 가지고 다니면 식비도 아낄 수 있고 저탄수화물 고단백 식단을 즐길 수 있어요.

욜로리아 추천 운동

수영	굽은 몸을 펴주고 체중보다 더 날씬해 보이게 만드는 전신운동이에요.
헬스	유산소운동으로 체지방을 소모하고, 근력운동으로 탄탄한 몸을 만들어줍니다. 근육량을 늘려야 요요를 방지할 수 있어요.
만보 걷기	비용과 특별한 시간을 투자하지 않고 할 수 있는 운동이에요. 공복에 빠른 걸음으로 걷기가 체지방 소모에 효과적입니다.

04
돈이 아까워도 재료부터 바꿔요!

"식용유 아주 조금 사용하는 건 괜찮지 않나요?" "알룰로스 비싸던데 그냥 설탕 조금 넣으면 안 되나요?" 당연히 안 됩니다. 체중이 조금도 줄어들지 않아요.

05
내가 무엇을 먹고 있는지 기록하세요.

"밥 조금, 빵 조금, 고구마 조금밖에 안 먹는데 자꾸 살이 쪄요." 조금 먹은 그것이 단백질인지 탄수화물인지는 알고 먹어야 해요. 배불리 먹어도 살찌지 않는 영양소가 있는가 하면, 정말 눈곱만큼 먹어도 지방을 채워주는 음식이 있거든요. 칼로리 계산도 중요하지만 무엇을 먹었는지가 더 중요합니다.

06
아름다웠던 지난 과거는 잊으세요.

'나는 원래 마른 사람이었으니까.' '출산 후 부기가 안 빠진 거니까.' 하지만 아이가 네 살이 되어도 열 살이 되어도 44는 커녕 55 사이즈로 돌아가기도 힘들었어요. 너무 멀리 와버린 거죠. 결국 출산 전에 입던 옷들을 모두 버려야 했어요. 라떼로 돌아갈 순 없어요. 과거만 바라보지 말고 우리 이제 함께 변화해봐요.

07
생각을 리셋하세요!

'난 원래', '난 아무리 해도'라는 습관과 생각을 바꾸지 않으면 안 됩니다. 먹고 싶은 거 먹고 성공하는 다이어트 방법은 없어요. 체중 감량, 아니 체지방 감량을 정말 원한다면 당장 먹는 밥 양부터 줄이세요. 우리가 보통 먹는 삼시세끼는 탄수화물이 권장량보다 많아요.

운동은 당연히 재미가 없어요. 하지만 운동을 하지 않으면 기초대사량이 늘어나지 않고, 기초대사량이 낮으면 아무리 조금 먹어도 남는 에너지가 지방으로 축적이 되기 마련이에요. 반대로 기초대사량이 늘어나면 먹는 양을 조금 늘려도 체중이 증가하지 않아요. 하루에 30분만 빠른 걸음으로 걸어보세요. 기초대사량도 올라가고, 출렁이는 살들이 예쁘게 탄탄해져요. 그리고 변화가 시작된다면 1시간 걷기 운동도 즐거워집니다.

올로리아 다이어트 TMI

'사이즈 있어요?'라고 물어보면 외면하던 옷가게 직원
출산을 하고 집에만 있다 보니 살이 그렇게 쪘는지 몰랐어요. 출산 전에 입던 44 반~55 사이즈가 도무지 맞지 않는 거예요. 옷을 사러 갔는데 마음에 드는 옷이 작아서 더 큰 사이즈가 있는지 물어보니 대답도 안 하더라고요. 한 번이 아니라 여러 번 물어보니 마지막에는 짜증을 내면서 "손님 사이즈 없어요" 하는 거예요. 큰 사이즈도 아니고 손님 사이즈가 없다니, 도대체 저의 사이즈가 어떻길래 그런 걸까요? 하지만 정말 맞는 옷을 찾기 힘든 적이 있었어요.

겨우 하루 한 끼 먹는데도 살이 엄청 쪄 있던 순간들
육아, 업무, 사업 실패로 인한 스트레스를 밤마다 치맥으로 풀었어요. 그게 하루 한 끼였어요. 낮에는 인건비 아낀다고 혼자 바쁘게 보내면서 쫄쫄 굶었고요. 집에 있던 체중계는 고장 나서 버렸고, 거울 속 얼굴만 보니 그냥 살이 쪘구나 생각했어요. 하지만 우연히 찍힌 내 뒷모습을 보고 충격을 받았어요. 살은 등에도 찌더라고요.

욜로리아 다이어트
Best & Worst Food

베스트 음식 5가지

방울토마토와 고구마

다이어트 성공에 가장 큰 도움을 준 것은 바로 토마토와 고구마입니다. 고구마는 탄수화물 당질로 다이어터 사이에서도 찬반이 많지만, 섬유질이 많고 포만감을 주기 때문에 다이어트에 도움이 됩니다. 고구마가 살을 빼주는 것이 아니라 고구마 때문에 배고픔을 견딜 수 있다는 것을 잊지 마세요. 저는 작은 고구마는 1개, 큰 고구마는 반 개 또는 1/3개만 한 끼 식사로 먹었어요.
고구마를 먹다 보면 양이 부족하기도 하고 목이 메기 쉬운데 방울토마토를 함께 먹으면 수분도 채워주고 새콤한 맛이 고구마의 달콤한 맛과도 잘 어울립니다. 갑자기 배가 고플 때도 방울토마토를 한입씩 먹으면 식욕도 줄고 포만감도 채워주는 다이어트의 동반자입니다.

달걀

달걀이 없었다면 다이어트를 하기가 정말 힘들었을 거예요. 달걀은 조리법도 간단하고 먹기도 편해서 고구마, 방울토마토와 함께 다이어트 식품으로 베스트 중에 베스트예요.

들기름 미역국

13kg 감량을 도와준 음식 중 들기름 미역국을 추천합니다. 미역국이라고 하면 의아해하는 사람들이 많은데, 들기름으로 볶아서 끓인 미역국의 미역만 먹는 거예요. 미역은 요오드, 철분, 엽산 등 좋은 성분이 다이어트를 했을 때 찾아오는 빈혈을 예방해주고 포만감이 높은 식품이에요.

사과

다이어트를 할 때 가장 조심해야 하는 맛은 단맛이에요. 그래서 다이어트를 할 때는 달달한 과일을 조심해야 하는데 아침에 사과 반 개를 먹으면 단맛에 대한 욕구를 채워줘요. 단, 사과는 꼭 아침 또는 점심에 소량 먹고 저녁에는 먹지 않는 것이 좋아요.

무향 코코넛오일

다이어트인데 오일을 사용해도 될까요? 그런데 가장 쉽고 맛있는 조리법은 볶음이에요. 식용유를 아주 조금만 사용하면 괜찮을 거야 하고 달걀 프라이, 닭가슴살채소볶음을 하지만 다이어트에는 전혀 도움이 되지 않아요. 코코넛오일은 몸에 흡수되지 않는다는 말을 믿는 둥 마는 둥 하면서 그래도 기대감을 가지고 사용해봤어요. 코코넛오일로 요리를 하니 정말 체지방이 늘어나지 않았어요. 요즘은 가격도 많이 저렴해서 부담이 없답니다. 단, 코코넛오일은 식용유보다 발연점이 낮으니 불을 낮춰서 사용해야 합니다.

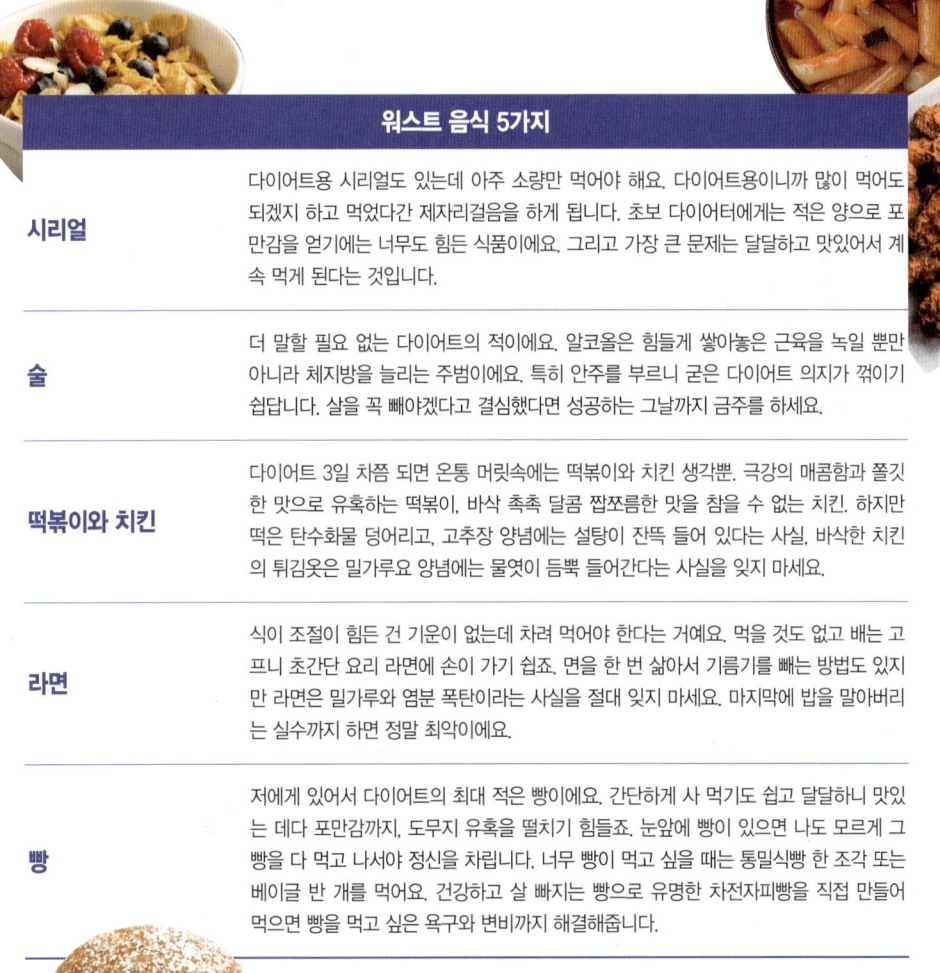

워스트 음식 5가지

시리얼
다이어트용 시리얼도 있는데 아주 소량만 먹어야 해요. 다이어트용이니까 많이 먹어도 되겠지 하고 먹었다간 제자리걸음을 하게 됩니다. 초보 다이어터에게는 적은 양으로 포만감을 얻기에는 너무도 힘든 식품이에요. 그리고 가장 큰 문제는 달달하고 맛있어서 계속 먹게 된다는 것입니다.

술
더 말할 필요 없는 다이어트의 적이에요. 알코올은 힘들게 쌓아놓은 근육을 녹일 뿐만 아니라 체지방을 늘리는 주범이에요. 특히 안주를 부르니 굳은 다이어트 의지가 꺾이기 쉽답니다. 살을 꼭 빼야겠다고 결심했다면 성공하는 그날까지 금주를 하세요.

떡볶이와 치킨
다이어트 3일 차쯤 되면 온통 머릿속에는 떡볶이와 치킨 생각뿐. 극강의 매콤함과 쫄깃한 맛으로 유혹하는 떡볶이, 바삭 촉촉 달콤 짭쪼름한 맛을 참을 수 없는 치킨. 하지만 떡은 탄수화물 덩어리고, 고추장 양념에는 설탕이 잔뜩 들어 있다는 사실, 바삭한 치킨의 튀김옷은 밀가루요 양념에는 물엿이 듬뿍 들어간다는 사실을 잊지 마세요.

라면
식이 조절이 힘든 건 기운이 없는데 차려 먹어야 한다는 거예요. 먹을 것도 없고 배는 고프니 초간단 요리 라면에 손이 가기 쉽죠. 면을 한 번 삶아서 기름기를 빼는 방법도 있지만 라면은 밀가루와 염분 폭탄이라는 사실을 절대 잊지 마세요. 마지막에 밥을 말아버리는 실수까지 하면 정말 최악이에요.

빵
저에게 있어서 다이어트의 최대 적은 빵이에요. 간단하게 사 먹기도 쉽고 달달하니 맛있는 데다 포만감까지, 도무지 유혹을 떨치기 힘들죠. 눈앞에 빵이 있으면 나도 모르게 그 빵을 다 먹고 나서야 정신을 차립니다. 너무 빵이 먹고 싶을 때는 통밀식빵 한 조각 또는 베이글 반 개를 먹어요. 건강하고 살 빠지는 빵으로 유명한 차전자피빵을 직접 만들어 먹으면 빵을 먹고 싶은 욕구와 변비까지 해결해줍니다.

구독자 Q & A

샐러드용 상추 오래 두고 먹는 방법
양상추는 안 될까요? / 채소 탈수통이 없는데요?
꼭 있어야 하나요?

자주 먹어야 하는 샐러드용 상추는 한 번에 많이 구입해서 오래 두고 먹기는 힘들죠. 양상추는 포장을 뜯으면 금세 갈변합니다. 그래서 저는 아삭이상추, 미니로메인을 주로 이용해요. 넓은 잎 부분은 샌드위치에 사용하고, 대가 있는 아랫부분은 샐러드로 사용해요. 미리 절단하고 세척해서 보관하면 편한데 꼭 물기를 제거한 후 밀봉해야 일주일 정도 신선하게 먹을 수 있어요. 지퍼백보다는 밀폐 반찬통이 더 오래 보관할 수 있어요. 물기 제거는 채소 탈수통을 사용하는데, 없다면 상추를 씻은 후 10분 정도 세워두면 물기가 빠집니다.

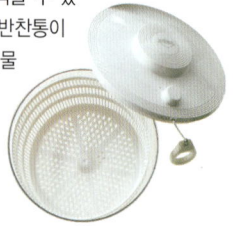

코코넛오일 대신 다른 오일을 사용하면 안 될까요?
꼭 코코넛오일만 사용해야 하나요?
코코넛오일 비싸던데요?

다이어트 식단에서 오일은 매우 중요합니다. 식용유를 아주 조금만 사용하는 건 괜찮지 않을까 싶지만 인바디 측정을 해보면 체지방에 변함이 없거나 늘어나 있어요. 소량의 코코넛오일 또는 올리브오일을 사용하면 인바디 측정에서도 체지방이 줄어들고 몸으로도 느낄 수 있어요. 1만 원 전후반의 코코넛오일 1통을 사서 6개월 정도 사용하니 비용 부담도 크지 않아요.

밥을 꼭 먹어야 하는데 밥은 먹으면 안 되나요?

우선 체중 감량과 체지방 감량에는 흰쌀밥을 되도록 피해야 해요. 밥을 꼭 먹어야 하는 식습관이면 현미와 섞어 밥을 짓고 50~100g 정도만 먹어요. 너무 소량이라 힘들 때는 현미, 백미, 곤약을 섞어 밥을 지어 먹어요. 흰쌀밥은 피하고 현미밥 또는 곤약밥을 하루에 한두 끼 정도만 먹습니다. 식습관을 바꾸지 않으면 체중 감량이 힘들어요.

곤약밥 없을 때는 어떻게 하나요?

현미 1 : 백미 2 또는 현미 1 : 백미 1로 밥을 지어 먹어요. 50~100g씩 소분해서 냉동 보관 후 먹기 전 전자레인지에 3분 데우면 갓 지은 밥처럼 맛있어요. 매번 현미와 백미 비율을 맞추기 귀찮을 때는 쌀통에 현미 5kg 백미 10kg을 섞어두세요.

하루 세 끼 먹나요? 아니면 두 끼 먹나요? 칼로리는 어느 정도 되나요?

저칼로리 식단과 저탄고단(저탄수화물 고단백질) 식단 2가지를 모두 실천해서 성공했어요. 저칼로리 식단은 오래 꾸준히 많은 체중을 감량하는(13kg) 데 효과가 있었고, 저탄고단 식단으로는 짧은 시간에 5kg 이상 감량에 성공했는데 요요가 빨리 올 수도 있어요.
저칼로리 식단으로는 나의 기초대사량을 측정하고 그보다 적게 하루 세끼 또는 간식 포함 5회 나눠서 먹었어요. 매 식사마다 먹는 음식의 중량과 칼로리를 계산하는 번거로움이 있어요. 칼로리는 식재료별로 계산해주는 앱을 이용합니다. 주방용 저울을 꼭 준비하고 칼로리를 계산 후 나의 1일 기초대사량에 맞춰 식단을 구성합니다.
저탄고단 식단은 단백질과 채소 위주에 코코넛오일, 무염버터, 탄수화물 함량이 매우 적은 치즈로 구성하고, 하루 두 끼 그리고 간헐적 공복 12~16시간을 꼭 지켰어요. 칼로리는 따로 계산하지 않아 매우 편했지만, 백미와 밀가루 등의 탄수화물을 절대 먹지 않아야 합니다.

오트밀은 탄수화물인데 먹어도 되나요?
오트밀은 식이섬유가 풍부한 탄수화물이에요. 백미 또는 밀가루보다 당질이 낮고 같은 양을 먹어도 포만감이 오래갑니다. 하지만 오트밀도 소량만 섭취해야 합니다.

조금 먹고 운동 많이 하면 되잖아요. 왜 이렇게 다이어트 식단을 만들어 먹는 거죠?
안 먹으면 당연히 살이 찌지 않아요. 하지만 소량만 먹고 식사를 멈추기 힘든 사람들도 있어요. 적정량을 먹어야 오히려 폭식을 예방할 수도 있고요.
다이어트 중에는 위를 줄이고 조금 먹어야 하니 대표적으로 닭가슴살 샐러드만 생각하는데 그것만 먹기에는 너무 힘들죠. 그래서 조금 먹어도 배부르거나 많이 먹어도 걱정 없는 식단을 만들어서 먹고 싶은 음식에 대한 스트레스를 줄였어요.

다이어트 식단을 구성할 때 우선순위가 있을까요?
단백질과 채소를 가장 먼저 구성해요. 3가지 색깔 초록, 빨강, 노랑으로 구성하면 소량이지만 먹는 즐거움도 있답니다. 양념은 하지 않거나 아주 조금만 사용합니다.
달걀, 방울토마토, 서울우유 체다치즈, 통밀식빵은 꼭 준비하고, 상추는 빨리 상하지 않는 미니로메인 또는 아삭이상추로 준비합니다. 닭가슴살은 삶아서 냉동한 것을 사거나, 저렴한 생닭가슴살을 에어프라이어에 구워서 1덩어리(100g)씩 나눠 냉동실에 보관해요.
다량으로 구입하면 저렴한 재료들도 많지만 냉장고에 자리도 많이 차지하고 기간 내에 다 못 먹으면 버려야 합니다.

보관기간이 짧은 재료부터 다양하게 식단을 구성하면 음식 낭비도 없고 비용도 절약할 수 있어요.

샌드위치 레시피가 다양하던데 빵 먹어도 다이어트에 괜찮을까요?
다이어트 샌드위치에는 일반 하얀 식빵 대신 통밀 또는 통곡물 식빵을 사용합니다. 상추, 토마토, 닭가슴살, 달걀 등 단백질 위주의 재료를 꽉 채워서 만든 샌드위치는 반으로 잘라 한 끼 식사에 반쪽만 섭취해요. 속재료가 많아 반쪽만 먹어도 든든해요. 도시락을 챙겨야 하거나 이동 중에 식사를 해야 하는 다이어터에게는 샌드위치만큼 편하고 든든한 식사가 없습니다.

다이어트 레시피 아이디어는 어떻게 얻으시나요?
다이어트 중에 맛있는 음식을 보고 참기란 매우 힘들어요. '먹어봤자 아는 맛'이라 참을 수 있다면 좋을 텐데 저는 아는 맛이라 더 참기 힘들더라고요. 그래서 평소 먹고 싶은 음식 또는 맛있어 보이는 것이 있다면 재료와 맛 그리고 칼로리를 감안해 다이어트에 방해가 되지 않는 재료들로 다시 만들어봅니다.

운동은 해야 하나요?
저탄고지 식단은 운동도 기초대사량도 필요 없다는 이야기도 많지만 적당한 운동은 몸의 근육을 만들고 기초대사량을 높여줍니다. 같은 체중을 빼도 운동을 했을 때 몸의 라인이 탄탄하고 예쁘답니다. 요요 방지와 건강을 위해 적당한 운동은 꼭 필요합니다.

12

배가 너무 고플 때는 어떻게 하나요?

저는 물, 방울토마토, 견과류를 꼭 챙겨 다녔어요. 물은 텀블러에 담아 자주 마시고, 방울토마토는 작은 도시락통에 넣고, 아몬드는 휴대용 아기 분유통에 넣어 다녔어요. 하루견과를 사는 것도 편한 방법입니다. 하지만 베리류가 들어 있지 않은 것을 사세요. 갑자기 배가 고플 때는 거짓 식욕일 때가 종종 있어요. 우선 물을 마셔보고 그래도 배고프면 방울토마토 또는 아몬드 3개 정도 먹었어요. 집에서는 치즈 1장을 조각내어 전자레인지에 구워 치즈볼을 만들어 먹었어요.

13

영상 속에 자주 등장하는 다이어트 관련 재료와 도구들을 알려주세요. (소스류, 기름, 면, 쌀, 도구 등)

소스, 식품류

1. 치즈 : 서울우유 체다치즈
저렴한 가격에 구입하기가 쉬워요. 무엇보다 중요한 건 탄수화물 함량이 적어 다이어트 중 먹을 수 있어요. 고단백질 식단에 많은 도움이 되고 특히 밤에 야식이 생각날 때 치즈볼을 만들어 먹으면 식욕도 억제됩니다.

2. 김 : 비비고 또는 풀무원 김밥용 김
폭탄김밥, 밥샌드위치를 만들 때 잘 부스러지지 않아요. 일부 김은 밥을 감쌀 때 부스러져서 난감할 때도 있어요.

3. 두부 : 부침용 두부
찌개용과 부침용 두부가 있어요. 부침용 두부가 단단해서 구워 먹기 좋아요.

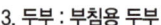

4. 무설탕 머스터드 : 하인즈옐로우머스터드
샌드위치 만들 때 당분이 없어 도움이 되었던 머스터드예요. 소스 없이 먹는 것이 좋지만 소스가 주는 그 아는 맛을 채워줘서 샌드위치를 맛있게 먹을 수 있습니다. 무설탕이라 당분 걱정 없이 먹을 수 있는 소스예요.

5. 홀그레인머스터드 : 에드몬드팔롯 홀그레인머스터드
무설탕 머스터드보다 먼저 이용했던 머스터드, 샌드위치에 즐겨 사용하는 머스터드입니다.

6. 발사믹글레이즈 : 폰타나
샐러드를 맛있게 만들어주는 드레싱으로 사용했고, 가족들도 디저트류와 고기류 소스로 맛있게 먹어요.

7. 버터 : 프레지덩 미니 무염버터 (10g 소량 포장)
고단백 식단에 무염버터를 사용하고, 10g씩 낱개로 포장되어 있어 사용하기 편해요.

8. 양조간장, 소금
짠맛은 먹지 않는 게 좋지만 소량의 짠맛이 필요할 때는 양조간장 또는 소금을 소량 사용해요. 양조간장은 단맛을 내는 재료를 넣지 않은 다이어트 레시피에 조금씩 사용합니다.

9. 엑스트라버진 올리브오일
샐러드 드레싱, 볶음류에 사용해요.

10. 코코넛오일
부침, 볶음류에 사용해요. 코코넛오일의 향에 거부감을 느낄 수도 있어요. 무향 제품도 있으니 골라서 사용합니다.

11. 스리라차 소스
매운맛이 생각날 때 스리라차 소스를 조금 뿌려 먹으면 견딜 수 있어요.

12. 알룰로스
단맛을 낼 때 사용해요. 단맛은 되도록 먹지 않아야 하지만 정말 먹고 싶을 때는 알룰로스를 사용해요.

13. 밥
백미 2 : 현미 1 비율로 만든 현미밥
백미 1 : 현미 1 : 곤약 1 비율로 만든 곤약현미밥

도구류
14. 작은 크기의 그릇, 도마, 프라이팬
일반적인 크기를 사용하면 양이 너무 적어 보여 재료를 늘리기 쉬워요. 작은 크기의 조리 도구를 사용하면 정리하기도 편해요. 프라이팬은 지름 15~20cm 크기를 사용하면 적은 양도 푸짐한 느낌이 들어요.

15. 샌드위치 포장지 : 글래드 매직랩
샌드위치는 도시락으로 주로 이용하기 때문에 포장이 중요해요. 일반 랩은 엉겨 붙어서 버려야 하는 상황도 생기고 많은 양을 사용하기도 해요. 유산지는 테이프가 풀려 샌드위치 포장을 오래 유지하기 조금 어려워요. 일반식에서는 별로 사용하지 않아 집 어딘가에 쌓여 있던 글래드 매직랩이 샌드위치 포장할 때 딱이에요.

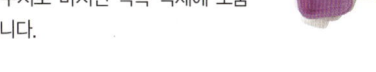

16. 냉동밥팩 : 디자인룸즈 심플쿡 전자레인지 보관용기
다이어트뿐만 아니라 밥을 냉동 보관할 때 사용해요. 다이어트 식단의 볶음밥류를 일주일치 만들어 냉동밥팩에 넣어 보관하면 정말 편해요.

17. 채소 탈수통
샐러드를 자주 먹어야 하는데 매번 씻기 귀찮을 때 하루 이틀 정도의 양을 탈수하여 보관하면 신선하게 먹을 수 있어요.

18. 전자레인지용 달걀 찜기 : 꼬꼬찜기
소량의 달걀, 고구마를 간편하게 익힐 수 있어요.

19. 도시락통, 물병
다이어트 중에 밖에서 사 먹을 수 있는 식사 종류에 한계가 있어요. 도시락통에 도시락 또는 방울토마토, 삶은 달걀을 챙겨 다니면 안전하게 다이어트를 할 수 있어요. 배고픔 신호는 갈증일 수 있어요. 물병에 물을 담아 수시로 마시면 식욕 억제에 도움이 됩니다.

20. 스마트폰
매번 식사 전에 섭취하는 음식을 찍어두어요. 하루 먹은 양을 확인할 수 있고, 먹은 게 없는 것 같을 때 사진을 확인하면 무엇을 먹었는지 보고 식욕을 참을 수 있어요.
하루 한 번 또는 일주일에 한 번 신체 변화 전신샷을 찍어두면 눈바디 체크를 할 수 있어요.

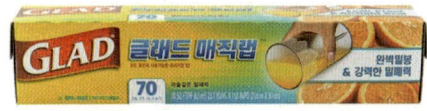

욜로리아 기본 레시피

다이어트를 할 때 자주 먹었던 곤약잡곡밥 레시피와
다이어트 요리에 감칠맛과 단맛을 더해주는 양파당 레시피 입니다.
다양한 다이어트 레시피에 활용 가능하니 미리 만들어두면 편해요.

곤약잡곡밥

(3~6인분)
조리시간 : 30분

- 곤약 200g
- 백미 1컵(140~150g)
- 잡곡 1컵

01 백미 1컵, 잡곡 1컵을 씻어서 밥물을 맞춰주세요.

02 식초 0.5숟가락을 넣고 끓인 물에 곤약 200g을 1~2분간 데친 후 찬물에 헹궈주세요.(곤약 냄새 없애기)

03 데친 곤약을 잘게 다져주세요(믹서 또는 채소 다지기를 사용하면 편해요).

04 다진 곤약을 1의 백미, 잡곡에 넣고 취사해주세요.

05 완성된 곤약현미밥을 소분해서 냉동 보관해주세요.

💬 아무리 다이어트라도 밥은 포기 못 한다 하면 식이섬유가 많고 당질이 낮은 곤약잡곡밥을 드셔보세요.

💬 곤약은 통곤약 또는 실곤약을 사용합니다. 건조된 곤약쌀은 타피오카 전분이 포함되어 있습니다.

💬 곤약은 체질에 맞지 않는 분도 있어요.

양파당

- 양파 4개(중간 크기)
- 물 200ml
- 소금 0.2숟가락

01 양파 4개를 잘게 썰어주세요.

02 물 200ml, 소금 0.2숟가락을 넣고 양파를 저어가며 끓여주세요.

03 양파가 반쯤 투명해지면 약불로 조절 후 10분 정도 뚜껑을 닫고 양파가 투명해질 때까지 졸여주세요.

04 끓인 양파를 한김 식힌 후 믹서에 갈아주세요.

05 얼음틀에 넣고 얼려주세요.

💬 얼음틀이 없을 경우 지퍼백에 넣은 후 평평하게 펼쳐서 칼등으로 나눠 얼려주세요.

💬 조림류 단맛을 내야 할 때 설탕 대신 양파당을 사용합니다.

올로리아 간식 레시피

간식은 되도록 먹지 않도록 해요.
하지만 너무 배가 고프거나 입이 심심해서 달달하거나 밀가루로 만든 간식을 먹을 위험이 있을 때
조금씩만 먹는 다이어트 간식 만들기입니다.
치즈볼은 1회 분량이고 나머지 간식은 3~4회 나눠 먹어요.
에어프라이어는 제품에 따라 성능 차이가 있을 수 있어요.
뒤집어야 하는 에어프라이어도 있고, 뒤집지 않아도 골고루 구워지는 에어프라이어가 있습니다.

차전자피빵

(4회 분량)
조리시간 : 20분

주재료
- 아몬드 가루 60g
- 차전자피 가루 30g
- 베이킹파우더 2g

양념 소스
- 물 100ml
- 레몬즙 10ml
- 소금 2꼬집

01 물 100ml에 레몬즙 10ml를 섞어주세요.

01 아몬드 가루 60g, 차전자피 가루 30g, 베이킹파우더 2g, 소금 2꼬집을 골고루 섞어주세요.

03 1의 물을 넣고 반죽해주세요.

04 반죽을 4등분한 후 동글동글 뭉쳐주세요.

　💬 샌드위치용으로 만들 때는 사각 접시에 평평하게 펼쳐 주세요.

05 에어프라이어에 180도, 15분 구워주세요.

　💬 빵이 너무 먹고 싶을 때 만들어서 조금씩 먹습니다.

　💬 차전자피 섬유질이 말라서 붙으면 잘 안 떨어지니 차전자피 가루를 반죽한 그릇은 바로 설거지를 해주세요.

치즈볼

- 체다치즈 1장

01 체다치즈 1장을 종이호일에 올려주세요.

02 가로세로 5등분씩 25등분으로 잘라 넓게 펼쳐주세요.

03 전자레인지에 1분 50초 돌려주세요.

04 완성된 치즈볼을 종이호일에서 떼어주세요.

오트밀쿠키

- 오트밀 100g
- 견과류 60g
- 달걀 1개
- 버터 10g

01 견과류 60g을 숟가락으로 눌러 으깨주세요.

02 녹인 버터 10g과 달걀 1개를 풀어주세요.

03 오트밀 100g, 으깬 견과류에 2를 섞은 후 5분 정도 불려주세요.

04 3의 반죽을 0.5숟가락씩 손으로 눌러 쿠키 모양을 잡아주세요.

05 에어프라이어에 180도, 10분 구워주세요.

간단하게 계량하기

이 책에 사용된 숟가락 계량법을 소개합니다.

가루 계량

1숟가락
집에서 사용하는 숟가락에 수북이 떠서 담아주세요.

0.5숟가락
숟가락 절반 정도만 담아주세요.

조금
숟가락 끝부분만 채울 정도로 담아주세요.

깎아서 1숟가락
숟가락 표면을 평평하게 수평으로 깎아서 담아주세요.

액체 계량

1숟가락
집에서 사용하는 숟가락에 넘치지 않을 정도로 가득 담아주세요.

0.5숟가락
숟가락의 가장자리가 보일 정도로 담아주세요.

조금
숟가락의 가운데만 채울 정도로 살짝 담아주세요.

장류 계량

1숟가락
집에서 사용하는 숟가락에 가득 떠서 담아주세요.

0.5숟가락
숟가락 절반 정도 떠서 담아주세요.

조금
숟가락 끝부분만 채울 정도로 떠서 담아주세요.

컵 계량

종이컵 크기의 컵들은 대략 180~200ml 용량입니다.
1컵, ½컵, ⅓컵을 대략 200ml, 100ml, 60ml 정도로 계산하면 됩니다.

재료 써는법

재료 써는 다양한 방법을 알려줍니다.

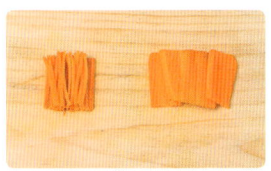

채썰기
재료를 얇고 납작하게 썬 후 겹쳐서 다시 길쭉하게 썰어주세요.

깍둑썰기
가로와 세로, 높이가 비슷하게 사각으로 썰어주세요.

송송 썰기
대파나 고추를 동그란 모양 그대로 얇게 썰어주세요.

어슷썰기
대파나 오이 등 긴 재료들을 비스듬히 썰어주세요.

반달썰기
애호박이나 감자, 당근 등의 재료를 길게 반으로 잘라 눕혀서 일정한 두께로 썰어주세요.

납작썰기
감자나 고구마 등을 반으로 잘라 일정한 두께로 썰어주세요.

살 빠지는 2주 파워식단

		Mon	Tue	Wed
1 Week	아침	방울토마토, 스크램블에그	사과 1/4개, 고구마 1/2개 달걀 프라이 1개	닭가슴살샐러드, 방울토마토 p.96
	점심	닭가슴살샌드위치 p.132	밥 없는 단백질주먹밥 p.50	저칼로리 비빔밥 p.64
	저녁	야채가득양배추롤 p.38	푸실리에그샐러드 p.98	불고기토르티야, 샐러드 p.140

- □ 양줄이기
- □ 탄수화물과 멀어지기
- □ 체중 감량하기

		Mon	Tue	Wed
2 Week	아침	푸실리에그샐러드 p.98	닭가슴살샐러드 p.96	오나오, 무설탕두유 p.158
	점심	밥 없는 단백질주먹밥 p.50	참치샌드위치 p.126	불고기토르티야 p.140
	저녁	소고기구이, 샐러드	시금치프리타타 p.32	양배추두부쌈 p.34

- □ 양줄이기 정착기
- □ 저탄수화물 고단백질
- □ 단맛 버리기

	Thu	Fri	Sat	Sun
	부추오믈렛 p.214	방울토마토, 참치치즈오트밀 p.154	샐러드, 삶은 달걀, 고구마 1/2개, 사과 1/4개	닭가슴살채소볶음, p.60
	닭가슴살샐러드 p.96	연어비빔밥 p.30	견과류치킨샌드위치 p.122	밀프렙 소고기볶음밥 p.68
	닭가슴살채소볶음 p.60	훈제삼겹살샐러드 p.84	오징어샐러드 p.110	참치샌드위치 p.126

체지방 감량 1주 차는 평소 먹던 식사량을 줄이고 탄수화물과 멀어지는 시기예요.
다이어트를 시작하고 얼마 되지 않아 줄어들지 않는 체중에 실망하고 "나는 안 되나 봐!"하며 포기하는 경우가 많아요. 다이어트 첫째 주는 체중 감량을 목표로 양을 줄이고 체지방의 주범인 탄수화물과 멀어지기 주간으로 가장 중요한 기간이에요. 밥이 주식일 경우 탄수화물을 줄이기는 정말 힘들어요. 탄수화물을 한번에 끊어버리면 오히려 부작용이 나타나기 쉬워요. 착한 탄수화물 조금과 다이어트 대표 재료들로 독하게 다이어트해요. 식단에서 두 끼만 챙겨먹는게 다이어트 효과가 좋아요. 1주 차에는 근력운동보다는 유산소운동을 함께 해야 체중 감량 효과를 볼 수 있어요. 0.5kg 1kg 3kg 빠지면서 소리를 지르게 될 거예요. 체중 감량이 있어야 더 신나게 다이어트를 할 수 있어요.

	요거트, 삶은 달걀	부추오믈렛 p.214	샐러드, 방울토마토, 닭가슴살 소시지	시금치프리타타 p.32
	반숙란샌드위치 p.128	닭가슴살채소볶음 p.060	할라피뇨게맛살샌드위치 p.130	밀프렙곤드레나물비빔밥 p.72
	우삼겹샐러드 p.102	간장치킨덮밥 p.062	스테이크샐러드 p.90	닭가슴살냉채 p.162

체지방 감량 2주 차는 식사량 줄이기 정착 기간이고, 나쁜 탄수화물(백미, 빵, 과자, 떡 등)을 끊는 기간이에요. 탄수화물을 안 먹어도 괜찮을까? 걱정하는 분들도 많은데 우리가 먹는 채소에도 탄수화물이 포함되어 있어요. 채소와 단백질 위주의 식단을 먹고, 착한 지방을 소량 섭취하면서 배고픔이 쉽게 오지 않고 몸이 피곤하지 않게 에너지를 내줘요. 하지만 "밥 한 숟가락 정도!" 하고 흰쌀밥, 과자, 떡, 빵들을 먹는 순간 착한 지방과 탄수화물이 합쳐져 힘들게 뺀 지방이 다시 쌓이거나 체중이 늘어날 수 있어요. 한번 들어온 탄수화물의 포도당은 다시는 쫓겨나지 않으려고 뱃살 엉덩이살 팔뚝살에 아주 강력하게 붙어버려요. 식습관 중 가장 중요한 단맛 잊기! 착한 단맛이라고 해도 머릿속에서 단맛을 계속 찾게 하여 위험할 수 있으니 단맛은 멀리 잊어버려요.
12~16시간 간헐적 단식으로 공복을 유지하고, 하루 두 끼 먹으면 더 효과적으로 다이어트에 성공할 수 있어요.

다이어트 유지기 한 달 식단

		Mon	Tue	Wed
1 Week	아침	푸실리에그샐러드 p.98	닭가슴살양배추샐러드 p.80	소고기미역국 p.186
	점심	양배추두부쌈 p.34	연어토르티야 p.146	밥 없는 단백질주먹밥 p.50
	저녁	연어콥샐러드 p.82	에그인헬 p.180	연어콥샐러드 p.82
2 Week	아침	참치치즈오트밀 p.154	닭가슴살샐러드 p.96	시금치해물볶음 p.176
	점심	닭가슴살샌드위치 p.132	저칼로리 비빔밥 p.64	쉬림프파스타샐러드 p.92
	저녁	시금치프리타타 p.32	부추해물샐러드 p.100	부추오믈렛 p.214
3 Week	아침	푸실리에그샐러드 p.98	오나오(오버나이트오트밀) p.158	부추오믈렛 p.214
	점심	연어비빔밥 p.030	불고기샌드위치 p.118	참치샌드위치 p.126
	저녁	불고기토르티야 p.140	감자참치샐러드 p.78	야채가득양배추롤 p.38
4 Week	아침	오나오(오버나이트오트밀) p.158	햄치즈샌드위치 p.134	소고기미역국 p.186
	점심	닭가슴살김밥 p.46	두부스테이크샌드위치 p.120	반미 p.150
	저녁	두부유부초밥 p.40	돼지목살샐러드 p.94	참치샐러드 p.88

다이어트에 가장 중요한 유지기! 3주 차쯤 되면 잘 빠지던 살이 제자리에 머무는 경우가 많아요. 노력한 만큼 결과가 따라오지 않으니 맛있는 음식 앞에서 방심하기 쉬운 기간이에요. 그동안 참았던 떡볶이 같은 자극적인 음식이 간절해지죠. 여성의 경우 생리일이 겹치게 되면 더욱 정체기가 심하게 찾아옵니다. 이때 포기하거나 실망하지 말아야 해요. 지금의 체중이 자리 잡는 기간이다, 내 몸의 지방을 빼내고 근육이 자리 잡는 기간이다! 생각하고 유지기에는 유산소운동과 근력운동을 겸하여 기초대사량을 늘리고 몸매를 예쁘게 만들어가요. 근력이 없다면 쉽게 요요가 오기도 하고, 체중을 많이 감량해도 눈으로 보는 다이어트 효과는 약할 수 있어요. 힘들게 뺀 살인데 눈으로 확실히 보여야 더 보람되잖아요! 식단에서 하루 두 끼만 먹는게 정체기를 이겨내는데 도움이 되요. 정체기를 잘 이겨내면 옷 사이즈가 줄어들고 더 확실한 다이어트 성공을 이룰 거예요.

Thu	Fri	Sat	Sun
토달볶음 p.178	푸실리에그샐러드 p.98	닭가슴살채소볶음 p.60	단호박에그슬럿 p.216
간장치킨덮밥 p.62	견과류치킨샌드위치 p.122	반숙란샌드위치 p.128	매운새우떡볶이 p.190
두부토르티야 p.148	두부스테이크샌드위치 p.120	야채가득양배추롤 p.38	바지락순두부 p.182
밀프렙 새우볶음밥 p.70	소고기미역국 p.186	부추오믈렛 p.214	추억의 양배추샌드위치 p.144
견과류치킨샌드위치 p.122	훈제오리토르티야 p.144	밀프렙가지나물밥 p.74	라타투이 p.202
훈제삼겹살샐러드 p.84	구운가지두부샐러드 p.86	스테이크샐러드 p.90	분짜 p.194
오트밀참치죽 p.156	양배추샐러드샌드위치 p.116	푸실리에그샐러드 p.98	참치치즈오트밀 p.154
양배추샐러드샌드위치 p.116	크래미토르티야 p.142	와사비게맛살샌드위치 p.124	우삼겹쌈밥 p.58
닭가슴살토르티야 p.138	우삼겹샐러드 p.102	밥 없는 야채김밥 p.44	닭가슴살냉채 p.162
리코타치즈샐러드 p.104	오트밀참치죽 p.156	참치샐러드 p.88	소고기뭇국 p.184
참치샌드위치 p.126	햄치즈샌드위치 p.134	밥 없는 단백질주먹밥 p.50	쫄면인줄 p.198
에그인헬 p.180	밀프렙곤드레나물비빔밥 p.72	시금치연어샐러드 p.106	오징어순대 p.210

Part 1.
다이어트 도시락

연어비빔밥

주재료
- 생연어 100g
- 아보카도 1/4개
- 양파 1/8개(30g)
- 양배추 1줌(50g)
- 상추 4장
- 현미밥(곤약현미밥) 100g

양념·소스
- 양조간장 3숟가락
- 다진 마늘 0.1숟가락
- 고추냉이 0.2숟가락
- 알룰로스 0.5숟가락
- 2배 식초 1숟가락
- 후춧가루 조금

조리시간 15분
×
보관기간 당일

율로리아 다이어트 TALKTALK
연어는 불포화지방산과 다량의 비타민 그리고 오메가3가 들어 있어 다이어트에 효과적이에요. 아삭한 채소와 신선한 연어의 맛은 다이어트로 지친 마음까지 북돋워줍니다.

01 양파 1/8(30g)개와 양배추 1줌(50g)은 채를 썰어주세요.

02 채 썬 양파는 찬물에 5~10분 담가 매운맛을 없앤 후 물기를 빼주세요.

03 상추 4장은 1×3cm 크기로 잘라주세요.

04 생연어 100g, 아보카도 1/4개는 1.5×1.5cm 크기로 깍둑썰기를 해주세요.

💬 아보카도는 체질에 따라 선택합니다.

05 양조간장 3숟가락, 다진 마늘 0.1숟가락, 고추냉이 0.2숟가락, 알룰로스 0.5숟가락, 2배 식초 1숟가락, 후춧가루 조금 섞어서 양념장을 만들어주세요.

06 도시락통에 현미밥 100g, 준비한 양배추, 상추, 양파, 아보카도, 연어 순으로 올리고 양념장은 1~2숟가락 따로 담아주세요.

💬 미니 잼통을 씻어 사용하면 도시락을 챙길 때 편리합니다.

시금치프리타타

주재료
- 모둠해물 100g(1/2컵)
- 새우 5마리(중간 크기)
- 시금치 100g(2줌)
- 달걀 2개
- 방울토마토 4개
- 양파 1/4개
- 체다치즈 1장

양념·소스
- 코코넛오일 1숟가락
- 소금 2꼬집

조리시간 10분
×
보관기간 당일

욜로리아 다이어트 TALKTALK
비타민과 식이섬유가 많은 시금치를 넣은 프리타타는 만들기 간편하고 포만감이 커서 다이어트 식사로 딱이에요.

01

모둠해물 100g(1/2컵)을 데쳐주세요.

02

시금치 100g(2줌)을 반으로 잘라주세요.

03

방울토마토 4개를 반으로 자르고, 양파 1/4개를 다져주세요.

04

프라이팬에 코코넛오일 1숟가락을 두르고 다진 양파, 모둠해물, 방울토마토, 시금치를 중불에 볶다가 소금 2꼬집을 뿌리고 골고루 섞어주세요.

05

전자레인지 용기에 4를 담고 달걀 2개를 풀어주세요.

06

전자레인지용 뚜껑을 덮고 3분 돌린 후, 체다치즈 1장을 5mm 두께로 길게 잘라서 올리고 10초간 더 돌려주세요.

양배추두부쌈

주재료
- 두부 150g
- 닭가슴살 50g
- 양배추 1/4개(200g)
- 청고추 1개
- 홍고추 1개
- 미나리 1줌

양념·소스
- 저염된장 0.5숟가락
- 매실청 1숟가락
- 다진 마늘 0.1숟가락
- 참기름 0.5숟가락
- 소금 1숟가락

조리시간 20분
×
보관기간 냉장 2일

율로리아 다이어트 TALKTALK
양배추는 다이어트에 정말 좋은 재료예요. 다이어트를 하다 보면 위가 상할 일이 많은데 양배추를 꾸준히 섭취하면 위를 보호할 수 있어요.

01

양배추 1/4개(200g)는 겉잎을 떼어내고 씻어서 찜통에 5분 정도 쪄주세요.

💬 찜통이 없다면 위생팩 또는 전자레인지 용기에 물 30ml와 양배추를 넣고 6~7분 돌려주세요.

02

소금 1숟가락을 넣고 끓는 물에 두부 150g을 1분간 데쳐주세요.

03

미나리 1줌은 잎을 떼어내고 깨끗이 씻어서 두부 데친 물에 30초간 데쳐주세요.

04

청고추 1개, 홍고추 1/2개를 다지고, 홍고추 1/2개는 어슷썰기를 해주세요.

05

저염된장 0.5숟가락, 매실청 1숟가락, 다진 마늘 0.1숟가락, 참기름 0.5숟가락을 골고루 섞어 양념장을 만들어주세요.

06

닭가슴살 50g을 2×2cm 크기로 깍둑썰기를 해주세요.

07

데친 두부를 으깬 후 다진 청·홍고추와 양념장을 넣고 섞어주세요.

08

데친 양배추에 7의 두부 2숟가락, 닭가슴살 2~3조각 넣고 말아서 미나리로 묶은 후 어슷썰기한 홍고추를 꽂아주세요.

💬 양배추 잎이 작으면 2~3장 겹쳐서 사용하세요.

양배추참치두부롤

주재료
- 양배추 150g
- 두부 150g
- 참치 100g
- 잡곡현미밥 100g

양념·소스(쌈장)
- 저염된장 0.5숟가락
- 알룰로스 0.5숟가락
- 참기름 0.5숟가락
- 깨 0.5숟가락

조리시간　20분
×
보관기간　냉장 2일

욜로리아 다이어트 TALKTALK
양념에 쓰이는 재료들은 저염이나 저당, 무당을 사용합니다. 작은 습관들이 모여 다이어트에 성공할 수 있습니다.

01

양배추 150g을 넓은 잎을 떼어내고 5분 정도 쪄서 찬물에 헹궈 물기를 빼주세요.

02

저염된장 0.5숟가락, 알룰로스 0.5숟가락, 참기름 0.5숟가락, 깨 0.5숟가락을 섞어 쌈장을 만들어주세요.

03

두부 150g을 3mm 두께로 잘라 부쳐주세요.

04

기름기를 뺀 참치 100g, 잡곡현미밥 100g을 골고루 섞어주세요.

05

양배추를 김 크기로 여러 장 겹쳐주세요.

06

양배추 위에 4의 밥 2숟가락, 두부, 쌈장을 올려주세요.

💬 쌈장은 최소로 먹어야 효과적이니 개인의 입맛에 맞게 최소한만 사용합니다.

07

양배추가 풀리지 않게 잘 말아서 썰어주세요.

야채가득양배추롤

주재료
- 양배추 2장(400g)
- 두부 1모
- 당근 1/4개
- 새송이버섯 1개
- 깻잎 5장

양념·소스
- 들기름 1숟가락
- 소금 2꼬집
- 후춧가루 조금
- 멸치육수 200ml

조리시간 20분
×
보관기간 냉장 2일

율로리아 다이어트 TALKTALK
양배추는 식감, 칼로리, 포만감 모두 만족스러운 다이어트의 동반자입니다.

01

양배추 2장은 겉잎을 떼어내고 씻어서 찜기에 쪄주세요.

 양배추의 두꺼운 심지 부분은 제거해주세요.

02

끓는 물에 소금 0.2숟가락을 넣고 두부 1모를 2분간 데쳐주세요.

03

당근 1/4개, 새송이버섯 1개, 양배추 2장, 깻잎 5장을 잘게 다져주세요.

04

데친 두부를 으깬 후 3의 다진 채소와 들기름 1숟가락, 소금 2꼬집, 후춧가루 조금 넣고 골고루 섞어주세요.

05

찐 양배추 잎에 4를 1숟가락 넣고 양쪽 끝을 접어 올려서 말아주세요.

06

냄비에 멸치육수 200ml를 붓고 돌돌 만 양배추롤을 넣어 속의 다진 채소가 익을 정도만 2분간 익혀주세요.

💬 멸치육수가 없다면 전자레인지에 2분간 돌려주세요.

두부유부초밥

주재료
- 두부 150g
- 냉동유부 5장
  (잘린 면이 없는 냉동 사각유부)
- 시금치 100g
- 달걀 1개
- 당근 1/3개

양념 · 소스
- 물 150ml
- 양조간장 3숟가락
- 2배 식초 1숟가락
- 맛술 1숟가락
- 소금 0.1숟가락
- 들기름 1숟가락

조리시간 20분
×
보관기간 냉장 2일

욜로리아 다이어트 TALKTALK
방송에도 등장한 다이어트식, 아이들도 좋아하는 맛이라 함께 만들어 먹으면 좋아요.

01

두부 150g을 으깨 키친타월로 물기를 제거하고 기름을 두르지 않은 프라이팬에 중불로 수분을 날린 후 들기름 1숟가락을 넣고 볶아주세요.

02

냉동유부 5장을 끓는 물에 데친 후 찬물에 헹궈 물기를 짜고 반으로 잘라주세요.

 유부의 기름기를 제거하는 과정입니다.

03

시금치 100g을 데쳐 찬물에 헹구고 물기를 짠 후 다져주세요.

04

물 150ml, 양조간장 3숟가락, 2배 식초 1숟가락, 맛술 1숟가락을 섞어 끓이다가 냉동유부를 넣고 조려주세요.

05

달걀 1개에 소금을 조금 넣고 풀어서 얇게 부친 후 다져주세요.

06

당근 1/3개를 다져서 볶아주세요.

07

1의 두부에 다진 달걀, 당근, 시금치, 소금 0.1숟가락을 넣고 골고루 섞어주세요.

08

조린 냉동유부의 물기를 꼭 짜고 7을 2숟가락씩 꾹꾹 넣어주세요.

밥 대신 두부김밥

주재료
- 두부 150g
- 시금치 100g
- 달걀 2개
- 당근 1/2개
- 김밥용 김 1~2장

양념·소스
- 코코넛오일 0.5숟가락
- 들기름 1숟가락
- 소금 조금

조리시간 15분
×
보관기간 당일

욜로리아 다이어트 TALKTALK
밥 대신 두부를 사용해 칼로리와 당질은 줄이고 단백질 섭취를 늘릴 수 있어요. 포만감은 덤!

01

두부 150g을 으깬 후 키친타월로 물기를 제거해주세요.

02

기름을 두르지 않은 프라이팬에 으깬 두부를 올려 중불로 수분을 날리다가 들기름 1숟가락을 넣고 볶아주세요.

03

시금치 100g을 데친 후 물기를 짜주세요.

04

달걀 2개를 풀어서 소금을 조금 넣고 얇게 여러 장 부쳐주세요.
💬 열량을 낮추려면 달걀 1개만 사용합니다.

05

달걀부침을 돌돌 말아 가늘게 채를 썰어주세요.

06

당근 1/2개는 채를 썰어서 코코넛오일 0.5숟가락을 넣고 볶아주세요.

07

김 절반에 으깬 두부 2숟가락을 펼친 후 시금치, 채 썬 달걀부침, 볶은 당근을 올려주세요.
💬 볶은 두부에 물기가 남아 있으면 김 2장을 사용합니다.

08

터지지 않게 잘 말아줍니다.
💬 두부가 힘이 없으니 살살 잘라주세요.

밥 없는 야채김밥

주재료
- 두부 150g
- 깻잎 10장
- 양배추 100g
- 당근 1/2개
- 달걀 2개
- 체다치즈 1장
- 김밥용 김 1장

양념 · 소스
- 코코넛오일 1숟가락
- 소금 1꼬집

조리시간 15분
×
보관기간 당일

욜로리아 다이어트 TALKTALK
체다치즈는 탄수화물이 거의 함유되어 있지 않은 제품을 사용하세요.

01
양배추 100g, 당근 1/2개는 가늘게 채를 썰고, 깻잎 10장은 돌돌 말아서 채를 썰어주세요.

02
프라이팬에 코코넛오일 0.5숟가락을 두르고 채 썬 당근을 볶아주세요.

03
두부 150g을 5mm 두께로 자른 후 프라이팬에 코코넛오일 0.5숟가락을 두르고 부쳐주세요.

04
달걀 2개에 소금 1꼬집을 넣고 풀어서 두툼하게 부친 후 1cm 두께로 길게 썰어주세요.

05
김을 펼치고 체다치즈 1장을 반으로 잘라 나란히 올려주세요.

06
채 썬 양배추, 깻잎, 당근, 달걀, 두부 순서로 올려주세요.

07
김 끝에 물을 넉넉히 발라 잘 말아주세요.

닭가슴살김밥

주재료
- 닭가슴살 50g
- 달걀 1개
- 당근 1/2개
- 상추 4장
- 잡곡현미밥 50g
- 김밥용 김 1장

양념 · 소스
- 무설탕 머스터드 0.5숟가락
- 코코넛오일 0.5숟가락
- 소금 1꼬집

조리시간 15분
×
보관기간 당일. 냉장 보관하지 않아요.

욜로리아 다이어트 TALKTALK
김밥이나 다이어트식에 들어가는 밥은 현미밥, 잡곡밥, 곤약현미밥, 잡곡현미밥 등을 사용해서 칼로리와 당질을 줄여주세요.

01

달걀 1개에 소금을 조금 넣고 풀어서 넓게 부쳐주세요.

02

부친 달걀을 김 크기에 맞게 잘라주세요.
💬 사각 프라이팬을 사용하면 편합니다.

03

닭가슴살 50g을 가늘게 찢어주세요.

04

당근 1/2개는 가늘게 채를 썰고 프라이팬에 코코넛오일 0.5숟가락을 두르고 소금 1꼬집을 뿌려 볶아주세요.

05

김 위에 잡곡현미밥 50g을 펼치고 부친 달걀, 상추 4장, 닭가슴살 50g, 채 썬 당근, 무설탕 머스터드 0.5숟가락을 올려주세요.

06

김이 터지지 않게 잘 말아주세요.

메밀김밥

주재료
- 메밀국수 2줌
- 긴 게맛살 2개
- 깻잎 20장
- 우엉 200g
- 당근 1개
- 달걀 3개
- 김밥용 김 4장

양념·소스
- 코코넛오일 1숟가락
- 들기름 1숟가락
- 물 150ml
- 양조간장 50ml
- 알룰로스 50ml
- 소금 3꼬집

조리시간 25분
×
보관기간 당일. 냉장 보관하지 않아요.

욜로리아 다이어트 TALKTALK
메밀은 식이섬유, 단백질, 루틴 등 영양소가 풍부해 혈관을 건강하게 해줍니다. 탄수화물 함량을 꼭 비교해서 구입하세요.
게맛살은 전분 함량이 높지 않고 게살 함량이 높은 것을 구입하세요.

01

깻잎 20장, 당근 1개, 우엉 200g을 5mm 두께로 채를 썰어주세요. 게맛살은 길게 반으로 잘라주세요.

💬 당근은 채칼을 이용하고, 우엉은 채 썰어서 파는 것을 이용하면 편리합니다.

02

달걀 3개에 소금 1꼬집을 넣고 풀어서 프라이팬에 코코넛오일 0.5숟가락을 두르고 두툼하게 부친 후 1.5~2cm 폭으로 잘라주세요.

03

프라이팬에 코코넛오일 0.5숟가락을 두르고 채 썬 당근을 소금 2꼬집을 뿌려서 중불에 볶아주세요.

04

프라이팬에 들기름 1숟가락을 두르고 채 썬 우엉을 볶다가 물 150ml, 양조간장 50ml, 알룰로스 50ml를 넣고 끓으면 약불로 줄여서 10분간 조려주세요.

05

메밀국수 2줌을 삶아서 찬물에 헹군 후 물기를 빼주세요.

💬 물이 끓어오르면 찬물을 조금씩 3회 정도 부어가며 삶아줍니다.

06

김 위에 메밀국수를 3/4 정도 얇게 펼치고 채 썬 당근, 깻잎, 달걀, 게맛살, 조린 우엉을 올려주세요.

07

김이 터지지 않게 잘 말아주세요.

밥 없는 단백질주먹밥

주재료
- 토마토 1/2개
- 양배추 50g
- 두부 100g
- 달걀 1개
- 당근 1/2개
- 상추 4장
- 체다치즈 1장
- 김밥용 김 1장

양념・소스
- 코코넛오일 1.1숟가락
- 무설탕 머스터드 0.5숟가락

조리시간 15분
×
보관기간 당일. 냉장 보관하지 않아요.

욜로리아 다이어트 TALKTALK
김으로 만든 요리는 냉장 보관하면 김이 눅눅해져 질기고 맛이 없으니 당일 먹을 만큼만 만듭니다.

01 토마토 1/2개와 두부 100g을 5mm 두께로 잘라주세요.

02 양배추 50g과 당근 1/2개를 가늘게 채를 썰어주세요.

03 프라이팬에 코코넛오일 0.5숟가락을 두르고 두부를 부쳐주세요.

04 프라이팬에 코코넛오일 0.3숟가락을 두르고 달걀프라이 1개를 부쳐주세요.

05 프라이팬에 코코넛오일 0.3숟가락을 두르고 채 썬 당근을 볶아주세요.

06 김 위에 반으로 겹친 상추 2장, 토마토 4쪽, 채 썬 당근, 두부, 무설탕 머스터드 0.5숟가락을 올려주세요.

07 6 위에 달걀프라이 1개, 겹친 상추 2장, 체다치즈 1장을 올린 후 김을 접어 치즈에 붙여주세요.

08 샌드위치용 랩으로 싼 다음 반으로 잘라주세요.

단탄지주먹밥

주재료
- 닭가슴살 50g
- 달걀 1개
- 토마토 1/2개
- 상추 4장
- 잡곡현미밥 50g
- 체다치즈 1장
- 김밥용 김 1장

양념·소스
- 무설탕 머스터드 0.5숟가락

조리시간 15분
×
보관기간 당일. 냉장 보관하지 않아요.

욜로리아 다이어트 TALKTALK
닭가슴살이 질렸다면 소불고기, 참치, 훈제오리 등으로 대체할 수 있어요.

01 닭가슴살 50g을 5mm 두께로 잘라주세요.

02 달걀프라이 1개를 부쳐주세요.

03 토마토 1/2개를 5mm 두께로 자르고 상추 4장을 반으로 잘라주세요.

04 김 가운데 잡곡현미밥 50g을 올려주세요.

05 밥 위에 반으로 자른 상추 8장, 토마토 4쪽, 닭가슴살, 무설탕 머스터드 0.5숟가락을 올려주세요.

06 달걀프라이, 체다치즈 1장을 올리고 김을 접어 샌드위치용 랩으로 싸주세요.

두부샌드위치

주재료
- 닭가슴살 50g
- 두부 150g
- 양배추 30g
- 달걀 1개
- 토마토 1/2개
- 상추 4장

양념·소스
- 무설탕 머스터드 1숟가락

조리시간 25분
×
보관기간 냉장 2일

율로리아 다이어트 TALKTALK
김이 들어가지 않은 메뉴는 2~3일 냉장 보관할 수 있으니 채소의 물기를 최대한 제거하고 만듭니다.

01

두부 150g을 넓게 반으로 잘라주세요.

02

프라이팬에 코코넛오일 0.3숟가락을 두르고 두부를 약불에 구워주세요.

💬 에어프라이어(또는 오븐)에 180도 10분 정도 구우면 수분이 더 제거됩니다.

03

양배추 30g을 다져주세요.

04

달걀 1개를 삶아서 으깬 후 다진 양배추와 무설탕 머스터드 1숟가락을 넣고 골고루 섞어주세요.

05

토마토 1/2개를 5mm 두께로 자르고, 상추 4장은 반으로 잘라주세요.

06

구운 두부 위에 4의 달걀 샐러드 2숟가락, 반으로 자른 상추 4장, 토마토 4쪽, 닭가슴살 50g, 상추 4장, 달걀 샐러드 2숟가락을 올리고 두부로 덮어주세요.

07

샌드위치용 랩으로 싸서 반으로 잘라주세요.

오이게살주먹밥

주재료
- 오이 1개
- 크래미 2개
- 양파 1/4개
- 잡곡밥 50~100g

양념 · 소스
- 그릭요거트 1숟가락
- 소금 1꼬집

조리시간 15분
×
보관기간 당일

율로리아 다이어트 TALKTALK
수분 함량이 매우 높은 오이는 칼로리 걱정 제로(0). 특히 오이는 상쾌한 씹는 맛이 일품이에요. 다이어트 중 짜증 나거나 기분 전환이 필요할 때 만들어보세요.

01

오이 1개를 끝을 잘라내고 감자 필러로 길게 깎아주세요.

💬 오이씨가 보이면 오이를 뒤집어서 깎아주세요.

02

오이를 키친타월에 올려 수분을 빼주세요.

03

크래미 2개는 가늘게 찢고, 양파 1/4개는 가늘게 채를 썰어주세요.

04

크래미, 양파에 그릭요거트 1숟가락, 소금 1꼬집을 넣고 섞어서 크래미샐러드를 만들어주세요.

05

잡곡밥을 0.5숟가락씩 뭉쳐주세요.

06

오이에 뭉친 밥을 돌돌 말아주세요.

07

오이에 만 밥을 누르고 4의 크래미샐러드를 1젓가락씩 올려주세요.

우삼겹쌈밥

주재료
- 우삼겹 150g
- 곤약현미밥 150g
- 상추 10~12장

양념·소스
- 고추냉이 0.3숟가락
- 소금 2꼬집
- 참기름 0.5숟가락

조리시간 15분
×
보관기간 당일

욜로리아 다이어트 TALKTALK
우삼겹이 살이 찔 거라는 편견이 있지만 단백질도 그만큼 풍부해요. 식욕이 폭발하는 날 쌈밥으로 일반식처럼 기분 전환을 하고 식욕을 잠재워주세요.

01

곤약현미밥 150g에 참기름 0.5숟가락, 소금 2꼬집을 넣고 비벼주세요.

02

곤약현미밥 150g을 0.5숟가락씩 주먹밥으로 만들어주세요.

03

주먹밥 위에 고추냉이를 조금씩(젓가락으로 눈곱만큼) 올려주세요.

04

씻어서 물기를 뺀 상추 속에 주먹밥을 넣고 감싼 후 도시락통에 담아주세요.

05

우삼겹 150g을 10~15cm 길이로 잘라 구운 후 키친타월에 올려 기름기를 빼주세요.

06

상추쌈밥 위에 구운 우삼겹을 올려주세요.

닭가슴살채소볶음

주재료
- 닭가슴살 100g
- 양배추 100g
- 깻잎 5장
- 새송이버섯 1개
- 당근 1/3개
- 양파 1/4개
- 대파 1/2대

양념·소스
- 양조간장 1숟가락
- 고춧가루 0.5숟가락
- 다진 마늘 0.1숟가락
- 후춧가루 조금
- 물 3숟가락

조리시간 10분
×
보관기간 냉장 3일

율로리아 다이어트 TALKTALK
다이어트의 고비는 닭가슴살이 질릴 때 찾아옵니다. 그럴 때 매운맛을 가미한 닭가슴살채소볶음이 도움이 될 거예요. 가족과 함께 즐길 수 있는 메뉴여서 더 좋아요.

01

닭가슴살 100g을 2.5×2.5cm 크기로 잘라주세요.

02

양파 1/4개는 다지고, 당근 1/3개는 반달썰기, 대파 1/2대는 송송 썰어주세요.

03

새송이버섯 1개는 반달썰기, 양배추 100g은 2.5×2.5cm 크기로 썰고, 깻잎은 가늘게 채를 썰어주세요.

04

양조간장 1숟가락, 고춧가루 0.5숟가락, 다진 마늘 0.1숟가락, 후춧가루 조금, 물 3숟가락을 섞어 양념장을 만들어주세요.

05

양념장에 1~2의 재료와 양배추를 섞고 10분 이상 재워주세요.

06

프라이팬에 5를 넣고 중불에 뚜껑을 덮고 익혀주세요.

💬 타지 않게 중간중간 뒤적여주세요.

07

닭고기가 익으면 새송이버섯, 깻잎을 넣고 볶아줍니다.

💬 밥이 꼭 필요하다면 잡곡현미밥 50~100g을 함께 담아주세요.

간장치킨덮밥

주재료
- 닭가슴살 100g
- 대파 1/2대
- 상추 10장
- 방울토마토 4개
- 곤약현미밥 50~100g

양념 · 소스
- 양조간장 10ml
- 양파당 1숟가락
- 생강(또는 생강가루) 0.1숟가락
- 코코넛오일 0.5숟가락
- 물 20ml

조리시간 15분

보관기간 3일 (상추와 방울토마토는 먹기 전에 넣어요)

올로리아 다이어트 TALKTALK
퍽퍽한 닭가슴살을 부드럽게 먹을 수 있는 메뉴예요. 닭가슴살뿐 아니라 닭안심을 사용해도 좋아요.

01
닭가슴살 100g을 1×3cm 크기로 잘라주세요.

02
대파 1/2대를 3.5cm, 상추 10장을 2×4cm, 방울토마토 4개를 반으로 잘라주세요.

03
양조간장 10ml, 물 20ml, 생강(또는 생강가루) 0.1숟가락, 양파당 1숟가락을 섞어 양념장을 만들어주세요.

💬 양파당이 없을 경우 양파 1/4개를 갈아서 넣습니다.

04
닭가슴살에 대파와 양념장을 넣고 버무린 후 10분 이상 재워두세요.

05
프라이팬에 코코넛오일 0.5숟가락을 두르고 양념한 닭가슴살을 중불에 볶아주세요.

06
뚜껑을 덮어 닭가슴살을 익히면서 중간중간 타지 않게 뒤적여주세요.

07
도시락통에 곤약현미밥 100g, 상추, 방울토마토, 구운 치킨을 담아주세요.

저칼로리 비빔밥

주재료
- 채 썬 소고기 100g
- 달걀 2개
- 새송이버섯 1개
- 애호박 1/3개
- 당근 1/3개
- 곤약현미밥 50~100g

양념·소스
- 코코넛오일 0.3숟가락
- 양조간장 2숟가락
- 참기름 0.5숟가락
- 들기름 0.5숟가락
- 깨 0.3숟가락
- 소금 4꼬집
- 후춧가루 조금

조리시간 20분
×
보관기간 냉장 3일

율로리아 다이어트 TALKTALK
나물류는 식이섬유가 많아 포만감이 오래 유지되므로 다이어트 식단에 밥이 꼭 들어가야 하는 사람들에게 좋아요.

01

채 썬 소고기 100g에 들기름 0.5숟가락, 소금 1꼬집, 후춧가루 조금 넣고 버무려 밑간을 해주세요.

02

프라이팬에 코코넛오일 0.3숟가락을 두르고 달걀 2개를 흰자와 노른자로 분리해서 지단을 부쳐주세요.

💬 지단을 부칠 때는 약불로 해야 타지 않고 모양이 예쁘게 나와요.

03

달걀흰자와 노른자를 동그란 모양으로 자르고 나머지는 채를 썰어주세요.

💬 흰자는 크게, 노른자는 작게 자릅니다.

04

새송이버섯 1개, 애호박 1/3개, 당근 1/3개를 채를 썰어서 프라이팬에 코코넛오일 0.1숟가락씩 두르고 소금 1꼬집씩 뿌려서 각각 따로 볶아주세요.

05

밑간한 소고기를 볶아주세요.

06

도시락통에 곤약현미밥 50~100g을 담고, 볶은 애호박, 당근, 새송이버섯, 소고기, 달걀지단을 담고 동그랗게 자른 흰자와 노른자를 달걀 프라이 모양으로 올려주세요.

💬 저탄고지 식단을 할 경우에는 달걀노른자 대신 체다치즈를 올려도 됩니다.

07

양조간장 2숟가락, 참기름 0.5숟가락, 깨 0.3숟가락을 섞어 양념장을 만들어 함께 냅니다.

소고기짜장밥

주재료
- 자른 소고기 100g
- 당근 1/3개
- 애호박 1/3개
- 새송이버섯 1/3개
- 양배추 100g
- 달걀 1개
- 곤약현미밥 50~100g

양념·소스
- 코코넛오일 0.5순가락
- 춘장 1순가락
- 물 450ml
- 전분 0.3순가락

조리시간 20분
×
보관기간 냉장 3일

욜로리아 다이어트 TALKTALK
짜장 가루보다 춘장을 사용하면 탄수화물 섭취량이 줄어들어요.

01

당근 1/3개, 애호박 1/3개, 새송이버섯 1/3개, 양배추 100g을 작게 깍둑썰기를 해주세요.
💬 냉장고에 남아 있는 어떤 채소든 상관없어요.

02

프라이팬에 코코넛오일 0.5순가락을 두르고 깍둑썰기한 당근, 애호박, 새송이버섯, 양배추를 볶아주세요.

03

자른 소고기 100g을 넣고 함께 볶아주세요.

04

3에 물 400ml, 춘장 1순가락을 넣고 골고루 풀어서 끓여주세요.

05

물 50ml에 전분 0.3순가락을 풀어서 전분물을 만들어주세요.

06

짜장소스가 끓으면 전분물을 넣고 약불에 걸쭉하게 끓여주세요.

07

도시락통에 곤약현미밥 50~100g을 담고 짜장소스 1국자를 담아주세요.

08

달걀 1개를 흰자와 노른자로 나눠 지단을 부치고 달걀 프라이 모양으로 잘라서 올려주세요. 달걀흰자를 노른자보다 크게 만듭니다.

밀프렙 소고기볶음밥

주재료
- 아스파라거스 2대
- 소고기 100g
- 대파 1/2대
- 애호박 1/2개
- 당근 1/2개
- 새송이버섯 1/2개
- 달걀 1개
- 곤약현미밥 100g

양념·소스
- 코코넛오일 0.5숟가락
- 소금 1꼬집

조리시간 15분
×
보관기간 냉동 일주일

욜로리아 다이어트 TALKTALK
매번 준비하기 시간이 부족하다면 한 번에 많이 만들어 1회씩 냉동 보관하면 간편하고 맛있는 다이어트 식사를 즐길 수 있어요.

01
아스파라거스 2대와 대파 1/2대를 5mm 두께로 송송 썰어주세요.

02
소고기 100g을 5×5mm 크기로 깍둑썰기를 해서 볶아줍니다.

03
소고기가 익으면 송송 썬 아스파라거스를 넣고 볶아서 따로 덜어둡니다.

💬 따로 볶아서 나중에 섞으면 맛이 더 좋아집니다.

04
당근 1/2개, 애호박 1/2개, 새송이버섯 1/2개를 다져주세요.

05
프라이팬에 코코넛오일 0.5숟가락을 두르고 송송 썬 파를 볶아 파기름을 내주세요.

06
파기름에 다져놓은 4의 재료를 넣고 볶아주세요.

07
곤약현미밥 100g에 소금 1꼬집을 넣고 볶다가 가운데를 파서 달걀 1개를 익힌 다음 볶음밥과 섞어주세요.

💬 달걀은 밥과 섞이지 않게 볶아주세요.

08
볶음밥에 3과 6의 재료를 넣고 볶아주세요.

밀프렙 새우볶음밥

주재료
- 새우 6마리
- 달걀 2개
- 대파 1/4대
- 애호박 1/5개
- 당근 1/5개
- 새송이버섯 1/2개
- 곤약현미밥 100g

양념 · 소스
- 무설탕 토마토퓨레 1숟가락
- 코코넛오일 0.5숟가락
- 소금 1꼬집

조리시간 15분
×
보관기간 냉동 일주일

옐로리아 다이어트 TALKTALK
볶음밥만 미리 만들어 냉동 보관해두고 입맛에 맞춰 새우나 해물 등을 섞으면 다양한 볶음밥을 만들 수 있어요.

01 새우 6마리는 끓는 물에 데쳐주세요.

02 달걀 1개를 흰자와 노른자로 나눠 지단을 부친 후 3cm 길이로 채를 썰어주세요.

03 대파 1/4대를 송송 썰어서 프라이팬에 코코넛오일 0.5숟가락을 두르고 볶아 파기름을 내주세요.

04 당근 1/5개, 애호박 1/5개, 새송이버섯 1/2개를 다져주세요.

05 파기름에 다져놓은 4의 재료를 넣고 볶아주세요.

06 곤약현미밥 100g에 소금 1꼬집을 넣고 볶다가 가운데를 파서 달걀 1개를 익힌 다음 볶음밥과 섞어주세요.
💬 달걀은 밥과 섞이지 않게 볶아주세요.

07 볶음밥에 무설탕 토마토퓨레 1숟가락을 넣고 볶아주세요.

08 데친 새우 6마리와 달걀지단을 올려주세요.

밀프렙 곤드레나물비빔밥

주재료(4인분)
- 말린 곤드레나물 30g
- 쌀(현미, 잡곡, 곤약) 2컵
- 다진 돼지고기(또는 소고기) 100g

양념·소스
- 들기름 1숟가락
- 국간장 1숟가락
- 소금 2꼬집
- 후춧가루 조금

비빔양념장
- 대파 1/4대
- 청양고추 1개
- 홍고추 1개
- 양조간장 10숟가락
- 다진 마늘 0.25숟가락
- 깨 0.25숟가락

조리시간 쌀 불리는 시간 1시간,
준비, 밥 짓는 시간 40분

×

보관기간 냉장 3일, 냉동 일주일

율로리아 다이어트 TALKTALK
말린 나물은 오래 보관할 수 있고 생나물보다 비타민과 영양소가 더 높습니다.

01

말린 곤드레나물에 미지근한 물을 충분히 부어서 1시간 이상 불린 후 씻어주세요.

02

끓는 물에 곤드레나물을 넣고 다시 물이 끓으면 약불로 줄이고 5분 정도 데쳐주세요. 데친 곤드레나물은 물기를 꼭 짜고 3cm 길이로 잘라주세요.

03

곤드레나물 30g에 들기름 1숟가락, 국간장 1숟가락을 넣고 무쳐주세요.

04

다진 돼지고기(또는 소고기) 100g에 소금 2꼬집, 후춧가루 조금 넣고 버무려 밑간을 해주세요.

05

쌀(현미, 잡곡, 곤약) 2컵을 씻어 밥물을 맞춘 후 쌀 위에 양념한 곤드레나물과 고기를 올려서 밥을 지어주세요.

06

대파 1/4대, 청양고추 1개, 홍고추 1개를 다지고 양조간장 10숟가락, 다진 마늘 0.25숟가락, 깨 0.25숟가락을 섞어서 양념장을 만들어주세요. 따뜻한 곤드레나물비빔밥에 양념장을 비벼 먹어요. 밥이 다 되면 골고루 섞은 후 3~4회 분량으로 나눠 냉동 보관해주세요.

밀프렙 가지나물밥

주재료(4인분)
- 말린 가지 60g
- 쌀(현미, 잡곡, 곤약) 2컵
- 다진 돼지고기(또는 소고기) 100g

양념·소스
- 들기름 1숟가락
- 국간장 1숟가락
- 소금 2꼬집
- 후춧가루 조금

조리시간 쌀 불리는 시간 30분,
            준비, 밥 짓는 시간 40분
×
보관기간 냉장 3일, 냉동 일주일

율로리아 다이어트 TALKTALK
나물밥은 식이섬유가 많아 포만감이 오래가고, 말린 가지의 식감이 고기처럼 쫀득해요.

01

말린 가지에 물을 충분히 붓고 30분 이상 불려주세요.

02

불린 가지는 딱딱한 꼭지를 잘라내고 씻은 후 물기를 살짝 짜고 3~4cm 길이로 잘라주세요.

03

가지에 들기름 1숟가락, 국간장 1숟가락을 넣고 무쳐주세요.

04

다진 돼지고기(또는 소고기) 100g에 소금 2꼬집, 후춧가루 조금 넣고 버무려 밑간을 해주세요.

05

쌀(현미, 잡곡, 곤약) 2컵을 씻어 밥물을 맞춘 후 양념한 가지와 고기를 올리고 밥을 지어주세요.

💬 전기밥솥에 잡곡밥 모드로 밥을 지어도 되고, 냄비밥을 지어도 됩니다. 냄비밥은 먼저 중불로 짓다가 끓어오르면 약불로 10분 정도 더 익혀주세요.

06

따뜻한 가지밥에 양념장을 비벼서 먹어요.

💬 밥이 다 되면 골고루 섞은 후 3~4회 분량으로 나눠 냉동 보관해주세요.

Part 2.
다이어트 샐러드

감자참치샐러드

주재료
- 작은 감자 1개
- 샐러드용 상추 100g
- 달걀 1개
- 참치 50g
- 방울토마토 8개
- 오이 1/2개
- 양파 1/4개
- 블랙올리브 2개

양념·소스
- 올리브오일 1숟가락
- 다진 마늘 0.5숟가락
- 소금 2꼬집
- 식초(또는 발사믹 식초) 0.5숟가락

조리시간 20분
×
보관기간 당일

욜로리아 다이어트 TALKTALK
소량의 감자 섭취는 샐러드에서 놓치기 쉬운 포만감을 줍니다. 당질 함량이 높으니 많은 양을 섭취하지 않는 것이 중요해요.

01

물에 소금을 조금 넣고 달걀 1개를 반숙으로 삶아주세요.

02

감자 1개는 껍질을 벗기고 삶아주세요.
 푹 익히지 않고 약간 단단한 정도로 삶아줍니다.

03

반숙 달걀은 4등분하고, 삶은 감자는 1×1cm 크기로 깍둑썰기를 해주세요.

04

오이 1/2개를 2mm 두께로 동그랗게 썰고, 방울토마토 8개를 반으로 잘라주세요.

05

샐러드용 상추 100g을 2cm 크기로 썰고, 양파 1/4개는 채를 썰어주세요.
💬 양파의 매운맛을 빼려면 찬물에 잠시 담가줍니다.

06

블랙올리브 2개를 2mm 두께로 동그랗게 썰어주세요.

07

올리브오일 1숟가락, 다진 마늘 0.5숟가락, 소금 2꼬집, 식초(또는 발사믹 식초) 0.5숟가락을 섞어서 드레싱을 만들어주세요.

08

샐러드볼에 손질한 재료를 모두 담고 기름기를 뺀 참치 50g을 올린 다음 드레싱을 뿌려서 먹어요.

닭가슴살양배추샐러드

주재료
- 닭가슴살 100g
- 양배추 50g
- 샐러드용 상추 50g
- 방울토마토 8개
- 노랑·빨강 파프리카 1/2개
- 블랙올리브 2개

양념·소스
- 올리브오일 1숟가락
- 다진 양파 1숟가락
- 무설탕 머스터드 1숟가락
- 알룰로스 1숟가락
- 소금 1꼬집

조리시간 15분
×
보관기간 냉장 2일

율로리아 다이어트 TALKTALK
식이섬유가 풍부한 양배추는 포만감은 물론 많은 양을 섭취해도 칼로리 걱정이 없어요.

01

닭가슴살 100g을 가늘게 찢어 주세요.

02

양배추 50g을 가늘게 채를 썰어 씻은 후 물기를 빼주세요.

03

샐러드용 상추 50g을 절반으로 잘라 1cm 크기로 잘라주세요.

04

노랑·빨강 파프리카 1/2개는 2mm 두께로 길게 채를 썰고, 블랙올리브 2개는 2mm 두께로 동그랗게 썰어주세요.

05

방울토마토 8개를 4등분해주세요.

06

올리브오일 1숟가락, 다진 양파 1숟가락, 무설탕 머스터드 1숟가락, 알룰로스 1숟가락, 소금 1꼬집을 섞어서 드레싱을 만들어주세요.

07

샐러드볼에 준비한 재료를 모두 담고 드레싱을 뿌려서 먹어요.

연어콥샐러드

주재료
- 생연어 100g
- 샐러드용 상추 100g
- 작은 감자 2개
- 노랑 파프리카 1/2개
- 빨강 파프리카 1/2개
- 오이 1/2개
- 양파 1/4개
- 블랙올리브 2개

양념·소스
- 올리브오일 1숟가락
- 양조간장 1숟가락
- 알룰로스 0.5숟가락
- 식초 0.5숟가락
- 연와사비 0.3숟가락

조리시간 15분
×
보관기간 당일

욜로리아 다이어트 TALKTALK
냉장고에 흔히 있는 채소와 단백질 재료를 예쁘고 맛있게 먹을 수 있는 연어콥샐러드. 연어 말고 다른 단백질 재료를 넣어 다양하게 응용할 수 있어요.

01

감자 2개는 껍질을 벗기고 삶아주세요.

02

오이 1/2개, 노랑·빨강 파프리카 각 1/2개, 양파 1/4개, 삶은 감자를 7×7mm 크기로 썰어주세요.

03

샐러드용 상추 100g은 2cm 크기로 자르고, 블랙올리브 2개를 2mm 두께로 동그랗게 썰어주세요.

04

생연어 100g을 1×1cm 크기로 잘라주세요.

05

올리브오일 1숟가락, 양조간장 1숟가락, 알룰로스 0.5숟가락, 식초 0.5숟가락, 연와사비 0.3숟가락을 섞어서 드레싱을 만들어주세요.

06

샐러드볼에 상추를 깔고 감자, 오이, 노랑 파프리카, 빨강 파프리카, 양파, 연어, 순서로 올린 다음 가운데 블랙올리브를 올린 후 드레싱을 뿌려서 먹어요.

💬 샐러드에 드레싱을 뿌리면 채소의 숨이 죽기 전에 바로 먹어야 합니다.

훈제삼겹살샐러드

주재료
- 훈제삼겹살 50g
- 샐러드용 상추 100g
- 양파 1/8개
- 방울토마토 4개
- 오이고추 1개
- 새송이버섯 1/2개
- 할라피뇨 3조각

양념·소스
- 올리브오일 1숟가락
- 맛술 0.5숟가락
- 식초 2숟가락
- 양조간장 0.5숟가락

조리시간　15분
×
보관기간　냉장 2일

율로리아 다이어트 TALKTALK
훈제삼겹살 대신 훈제오리를 사용해도 좋아요.

01 샐러드용 상추 100g을 2cm 크기로 잘라주세요.

02 할라피뇨 3조각은 다지고, 양파 1/8개는 가늘게 채를 썰어주세요.

03 방울토마토 4개를 반으로 자르고, 오이고추 1개는 5mm 두께로 동그랗게 썰어주세요.

04 훈제삼겹살 50g은 3mm 두께로 썰고, 새송이버섯 1/2개는 반으로 자른 후 5mm 두께로 썰어주세요.

05 프라이팬에 기름을 두르지 않고 새송이버섯과 훈제삼겹살을 구워주세요.

06 올리브오일 1숟가락, 맛술 0.5숟가락, 식초 2숟가락, 양조간장 0.5숟가락을 섞어서 드레싱을 만들어주세요.

07 샐러드볼에 준비한 재료를 담고 드레싱을 뿌려서 먹어요.

구운가지두부샐러드

주재료
- 달걀 2개
- 샐러드용 상추 100g
- 가지 1개
- 당근 1/2개
- 두부 150g
- 참치 50g(1숟가락)
- 방울토마토 8개

양념 · 소스
- 코코넛오일 0.5숟가락
- 양조간장 1숟가락
- 알룰로스 0.5숟가락
- 양조식초 0.5숟가락
- 올리브오일 1숟가락

조리시간 15분
×
보관기간 당일

율로리아 다이어트 TALKTALK
가지는 칼로리가 낮고 수분 함량이 높아 조금만 먹어도 포만감이 커서 다이어트에 좋아요.

01

달걀 2개를 반숙으로 삶은 후 식으면 4등분해주세요.

02

샐러드용 상추 100g을 1.5×1.5cm 크기로 자르고, 방울토마토 8개는 반으로 잘라주세요.

03

가지 1개, 당근 1/2개를 반으로 자른 후 다시 반으로 잘라서 5mm 두께로 길게 썰어주세요.

04

두부 150g을 1.5×1.5cm 크기로 깍둑썰기를 해주세요.

05

프라이팬에 기름을 두르지 않고 가지를 약불에 5분 정도 볶아서 수분을 날려주세요.

06

프라이팬에 코코넛오일 0.5숟가락을 두르고 약불에 당근과 두부를 차례로 구워주세요.

07

양조간장 1숟가락, 알룰로스 0.5숟가락, 양조식초 0.5숟가락, 올리브오일 1숟가락을 섞어서 드레싱을 만들어주세요.

08

샐러드볼에 준비한 재료를 담고 참치 50g(1숟가락)을 듬뿍 올린 후 드레싱을 뿌려서 먹어요.

참치샐러드

주재료
- 참치 100g(2숟가락)
- 달걀 1개
- 샐러드용 상추 100g
- 방울토마토 8개
- 양파 1/8개
- 당근 1/8개

양념 · 소스
- 무설탕 플레인요거트
  (또는 그릭요거트) 1숟가락

조리시간 10분
×
보관기간 당일

율로리아 다이어트 TALKTALK
참치는 꽉 짜주면 기름이 빠져 칼로리가 줄고 맛이 담백해져요.

01

달걀 1개를 반숙으로 삶은 후 식으면 5mm 두께로 동그랗게 썰어주세요.

02

샐러드용 상추 100g은 1.5×1.5cm 크기로 자르고, 방울토마토 8개는 반으로 잘라주세요.

03

양파 1/8개, 당근 1/8개를 다져주세요.

04

참치 100g(2숟가락), 다진 양파, 당근, 무설탕 플레인요거트 1숟가락을 섞어서 참치 샐러드를 만들어주세요.

05

샐러드볼에 상추를 깔고 가운데 참치 샐러드를 올린 다음 가장자리에 달걀과 방울토마토를 올려주세요.

스테이크샐러드

주재료
- 소고기 등심 100g
- 샐러드용 상추 100g
- 방울토마토 4개
- 견과류(또는 햄프시드) 10g

양념·소스
- 발사믹 식초 1숟가락
- 올리브오일 2숟가락
- 양조간장 0.5숟가락
- 소금 1꼬집
- 후춧가루 1꼬집

조리시간 15분
×
보관기간 당일

율로리아 다이어트 TALKTALK
소고기는 대형마트에서 큰 덩이로 구입해야 저렴합니다. 100g씩 소분해서 냉동 보관하고 한 덩어리씩 꺼내 먹으면 비용을 절약할 수 있어요. 저는 주로 호주산 척아이롤 또는 스테이크용 소고기를 구입해요.

01

소고기 등심 100g에 소금 1꼬집, 후춧가루 1꼬집을 앞뒤로 조금 뿌리고 올리브오일 1숟가락을 앞뒤로 발라주세요.

02

소고기를 중불에 구워주세요.

03

소고기가 식으면 1.5×4cm 크기로 잘라주세요.

04

샐러드용 상추 100g을 2×3cm 크기로 자르고, 방울토마토 4개를 반으로 잘라주세요.

05

발사믹 식초 1숟가락, 올리브오일 1숟가락, 양조간장 0.5숟가락을 섞어서 드레싱을 만들어주세요.

06

도시락통에 상추, 방울토마토, 소고기를 담고 견과류 10g을 올린 후 드레싱을 뿌려서 먹어요.

쉬림프파스타샐러드

주재료
- 냉동 자숙새우 100g
- 푸실리(또는 펜네) 30g
  (짧고 굵은 파스타)
- 샐러드용 상추 100g
- 방울토마토 4개

양념·소스
- 올리브오일 0.5숟가락
- 소금 3꼬집
- 후춧가루 조금

조리시간 15분
×
보관기간 당일

율로리아 다이어트 TALKTALK
푸실리나 펜네는 일반 듀럼밀이 아닌 통밀로 만든 것을 사용해야 당질 함량도 줄이고 건강에도 좋답니다.

01 끓는 물에 소금 1꼬집을 넣고 푸실리 30g을 10분 정도 삶아주세요.

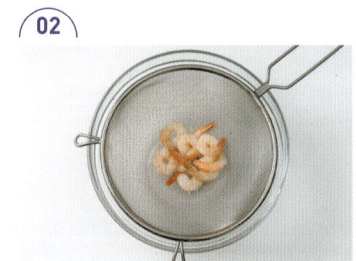

02 냉동 자숙새우 100g을 데친 후 찬물에 헹궈 물기를 빼주세요.

03 푸실리와 자숙새우에 올리브오일 0.5숟가락, 소금 2꼬집, 후춧가루 조금 넣고 섞어주세요.

04 샐러드용 상추 100g을 2×3cm 크기로 자르고, 방울토마토 4개를 반으로 잘라주세요.

05 3에 방울토마토를 넣고 섞어주세요.

06 도시락통에 상추를 먼저 깔고 5의 재료를 담아주세요.

돼지목살샐러드

주재료
- 돼지목살 100g
- 달걀 1개
- 샐러드용 상추 100g
- 방울토마토 4개
- 할라피뇨 4조각
- 견과류(또는 햄프시드) 10g

양념·소스
- 올리브오일 1숟가락
- 양조간장 0.3숟가락
- 식초 0.3숟가락
- 소금 1꼬집
- 후춧가루 조금

조리시간 15분
×
보관기간 당일

욜로리아 다이어트 TALKTALK
저탄고지 식단은 돼지목살을 선택하고, 저칼로리 식단이라면 안심이나 등심 부위를 선택하세요.

01 돼지목살 100g은 지방을 제거하고 앞뒤로 소금 1꼬집, 후춧가루 조금 뿌려서 구워주세요.

02 구운 돼지목살을 1.5×4cm 크기로 잘라주세요.

03 달걀 프라이 1개를 만들어주세요.

04 샐러드용 상추 100g을 2×3cm 크기로 자르고, 방울토마토 4개를 반으로 잘라주세요.

05 할라피뇨 4조각을 반으로 잘라주세요.

06 올리브오일 1숟가락, 양조간장 0.3숟가락, 식초 0.3숟가락을 섞어서 드레싱을 만들어주세요.

07 도시락통에 상추를 먼저 깔고 방울토마토, 할라피뇨, 돼지목살을 놓고 가운데 달걀 프라이를 올려주세요.

08 마지막으로 견과류 10g을 으깨서 올린 후 드레싱을 뿌려서 먹어요.

닭가슴살샐러드

주재료
- 닭가슴살 100g
- 샐러드용 상추 100g
- 방울토마토 4개
- 체다치즈 1장
- 견과류 10g

양념·소스
- 올리브오일 1숟가락
- 양조간장 0.5숟가락
- 발사믹 식초 1숟가락

조리시간 15분
×
보관기간 당일

욜로리아 다이어트 TALKTALK
시간이 없고 따로 재료를 구하기 어렵다면 시판용 오리엔탈 드레싱이나 발사믹 드레싱 1티스푼을 사용해도 됩니다.

01

샐러드용 상추 100g을 2×3cm 크기로 자르고, 방울토마토 4개를 반으로 잘라주세요.

02

닭가슴살 100g을 가늘게 찢어주세요.

03

체다치즈 1장을 반으로 자른 후 1cm 두께로 잘라주세요.

04

올리브오일 1숟가락, 양조간장 0.5숟가락, 발사믹 식초 1숟가락을 섞어서 드레싱을 만들어주세요.
💬 시판용 오리엔탈 드레싱을 사용해도 됩니다.

05
샐러드볼이나 도시락에 상추를 먼저 깔고 방울토마토, 닭가슴살, 체다치즈를 골고루 올린 후 견과류 10g을 뿌려주세요.

06

드레싱을 뿌려서 먹어요.

푸실리에그샐러드

주재료
- 자숙새우 7마리
- 푸실리 20g
- 샐러드용 상추 100g
- 방울토마토 8개
- 달걀 1개
- 견과류(또는 햄프시드) 10g

양념·소스
- 올리브오일 0.5숟가락
- 소금 2꼬집
- 후춧가루 조금
- 식초 0.5숟가락

조리시간 20분
×
보관기간 당일

율로리아 다이어트 TALKTALK
자칫 심심할 수 있는 에그샐러드에 냉장고 속 남은 재료와 새우 같은 단백질 재료를 더하면 더 맛있고 다양한 맛을 즐길 수 있어요.

01

달걀 1개를 삶아서 식으면 5mm 두께로 동그랗게 썰어주세요.

02

자숙새우 7마리를 데친 후 찬물에 헹궈 물기를 빼주세요.

03

푸실리 20g을 삶아주세요.

04

삶은 푸실리에 올리브오일 0.5숟가락, 소금 2꼬집, 후춧가루 조금, 식초 0.5숟가락을 골고루 섞어주세요.

05

샐러드용 상추 100g을 2×3cm 크기로 자르고, 방울토마토 8개는 씻어서 꼭지만 따주세요.

06

샐러드볼에 상추를 깔고 방울토마토, 자숙새우, 달걀, 푸실리 순서로 올린 후 견과류 10g을 뿌려주세요.

부추해물샐러드

주재료
- 새우 6마리(중간 크기)
- 해물믹스 50g(1/2컵)
- 달걀 2개
- 방울토마토 4개
- 부추 1줌(60g)
- 양파 1/4개

양념 · 소스
- 식초 2숟가락
- 양조간장 0.3숟가락
- 알룰로스 0.5숟가락
- 고춧가루 0.3숟가락

조리시간 15분
×
보관기간 당일

율로리아 다이어트 TALKTALK
부추는 피로 회복과 변비에 효과가 있으니 다이어트 중 기력이 떨어졌을 때 먹으면 좋아요.

01

달걀 2개를 반숙으로 삶은 후 식으면 5mm 두께로 동그랗게 썰어주세요.

02

부추 1줌(60g)을 3cm 길이로 썰고, 양파 1/4개는 가늘게 채를 썰어주세요.

03

방울토마토 4개를 반으로 잘라주세요.

04

해물믹스 50g(1/2컵)과 새우 6마리를 끓는 물에 데쳐 물기를 빼주세요.

05

식초 2숟가락, 양조간장 0.3숟가락, 알룰로스 0.5숟가락을 섞어서 드레싱을 만들어주세요.

06

볼에 부추, 양파를 담고 드레싱을 뿌려 골고루 섞어주세요.

07

6에 고춧가루 0.3숟가락을 넣고 골고루 섞어주세요.

08

샐러드 접시에 양념한 부추를 먼저 담고 달걀, 새우, 해물믹스, 방울토마토를 골고루 올려주세요.

우삼겹샐러드

주재료
- 우삼겹살 100g
- 팽이버섯 1/2봉지
- 샐러드용 상추 100g
- 방울토마토 5개

양념 · 소스
- 양조간장 1숟가락
- 식초 0.3숟가락
- 고추냉이 조금
- 소금 2꼬집
- 후춧가루 조금

조리시간 15분
×
보관기간 당일

욜로리아 다이어트 TALKTALK
저열량식 다이어트 식단을 하는 분들께는 권하지 않아요.

01 샐러드용 상추 100g을 길게 반으로 자른 후 2.5cm 크기로 잘라주세요.

02 방울토마토 5개, 팽이버섯 1/2봉지를 반으로 잘라주세요.

03 우삼겹살 100g에 소금 2꼬집, 후춧가루 조금 뿌려서 볶아주세요.

04 우삼겹살이 익으면 팽이버섯을 넣고 볶아주세요.

05 양조간장 1숟가락, 식초 0.3숟가락, 고추냉이 조금 섞어서 드레싱을 만들어주세요.

06 접시에 상추, 방울토마토, 볶은 우삼겹살, 팽이버섯을 담고 드레싱을 뿌려서 먹어요.

리코타치즈샐러드

주재료
- 우유 1L
- 달걀 1개
- 샐러드용 상추 100g
- 방울토마토 5개
- 견과류 10g
- 통밀식빵 1장

양념 · 소스
- 식초 3숟가락
- 소금 0.5숟가락
- 시판용 오리엔탈 드레싱 1숟가락

조리시간 30분
×
보관기간 냉장 2일

욜로리아 다이어트 TALKTALK
리코타치즈를 사도 되지만 집에서 직접 만들면 첨가물이 들어가지 않아 조금 더 건강하게 먹을 수 있어요.

01
실온 보관한 우유 1L, 소금 0.5숟가락을 넣고 저으면서 끓여주세요.

02
우유가 끓으면 약불로 줄인 상태에서 식초 3숟가락을 넣고 저어주세요.

03
우유와 유청이 분리되도록 10~15분 저으면서 끓여주세요.

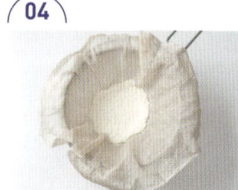
04
면보에 끓인 우유를 부어 덩어리를 걸러내고 식었을 때 꽉 짜면 리코타치즈가 만들어집니다.

05
달걀 1개를 반숙으로 삶은 후 4등분해주세요.

06
샐러드용 상추 100g은 반으로 자른 후 2cm 크기로 자르고, 방울토마토 5개는 반으로 잘라주세요.

07
통밀식빵 1장을 구운 후 반으로 잘라주세요.

08
샐러드볼에 상추, 방울토마토, 리코타 치즈 1/4, 구운 통밀식빵, 견과류 10g을 담고, 시판용 오리엔탈 드레싱 1숟가락을 뿌려서 먹어요.

시금치연어샐러드

주재료
- 연어 100g
- 달걀 1개
- 시금치 100g
- 사과 1/4개
- 양배추 50g

양념·소스
- 올리브오일 1숟가락
- 식초 1숟가락
- 알룰로스 0.5숟가락
- 무설탕 머스터드 0.5숟가락

조리시간 15분
×
보관기간 당일

율로리아 다이어트 TALKTALK
시금치에 함유된 틸라코이드 성분이 식욕 억제를 도와주는 역할을 해요. 깨끗하게 씻은 생시금치는 아삭하고 단맛이 나 샐러드의 맛을 살려줘요.

01

달걀 1개를 삶아서 식으면 4등분해주세요.

02

깨끗하게 씻은 시금치 100g은 3cm 길이로 잘라주세요.

03

사과 1/4개, 양배추 50g을 1×1cm 크기로 잘라주세요.

04

연어 100g을 1×1cm 두께로 썰어주세요.

05

올리브오일 1숟가락, 식초 1숟가락, 알룰로스 0.5숟가락, 무설탕 머스터드 0.5숟가락을 섞어서 드레싱을 만들어주세요.

06

접시에 시금치를 먼저 깔고 달걀, 사과, 연어, 양배추를 올린 후 드레싱을 뿌려서 먹어요.

브로콜리두부샐러드

주재료
- 두부 1모
- 빨강 파프리카 1/2개
- 노랑 파프리카 1/2개
- 브로콜리 1/2개

양념·소스
- 들기름 1숟가락
- 다진 마늘 0.1숟가락
- 통깨 0.5숟가락
- 소금 0.4숟가락

조리시간 15분
×
보관기간 냉장 2일

욜로리아 다이어트 TALKTALK
브로콜리에 들어 있는 칼륨은 체내의 염분을 배출해 부종을 막는 데 효과가 좋아요.

01 빨강·노랑 파프리카 각 1/2개를 1.5×1.5cm 크기로 썰어주세요.

02 브로콜리 1/2개를 먹기 좋은 크기로 잘라 끓는 물에 소금 0.3숟가락을 넣고 1~2분 삶은 후 찬물에 헹구고 물기를 빼주세요.

03 물에 소금을 조금 넣고 두부 1모를 1분간 데쳐주세요.

💬 두부의 수분을 빼서 단단하게 만드는 과정입니다.

04 데친 두부를 으깨고 소금 0.1숟가락, 들기름 1숟가락, 다진 마늘 0.1숟가락을 넣고 골고루 섞어주세요.

05 4에 데친 브로콜리, 빨강·노랑 파프리카를 넣고 골고루 섞어주세요.

06 통깨 0.5숟가락을 뿌려 골고루 섞어주세요.

💬 검은깨를 사용하면 더 맛있어 보입니다.

오징어샐러드

주재료
- 오징어 1마리(작은 크기)
- 샐러드용 상추 100g
- 방울토마토 5개
- 빨강 파프리카 1/4개
- 노랑 파프리카 1/4개
- 견과류 10g

양념·소스
- 올리브오일 1숟가락
- 양조간장 0.5숟가락
- 식초 1숟가락
- 버터 10g

조리시간 20분
×
보관기간 당일

율로리아 다이어트 TALKTALK
오징어는 지방 함량은 적고 단백질 함량이 높아 다이어트에 좋은 식품이에요.

01

오징어 1마리는 내장을 빼고 깨끗이 씻어주세요.

02

냄비에 오징어 1마리, 버터 10g을 올리고 뚜껑을 닫아 약불에 구워주세요.

03

샐러드용 상추 100g은 2×2cm 크기로 잘라주세요.

04

빨강·노랑 파프리카 각 1/4개는 1×1cm 크기로 자르고, 방울토마토는 반으로 잘라주세요.

05

버터에 구운 오징어를 5mm 두께로 잘라주세요.

06

접시에 상추와 파프리카, 방울토마토를 담고 오징어를 올려주세요.

07

올리브오일 1숟가락, 양조간장 0.5숟가락, 식초 1숟가락을 섞어 드레싱을 만들어주세요.

08

견과류 10g을 으깨서 올리고 드레싱을 뿌려서 먹어요.

Part 3.
다이어트 샌드위치

추억의 양배추샌드위치

주재료
- 양배추 100g
- 당근 1/2개
- 토마토 1/2개
- 샐러드용 상추 4장
- 대파 1/4대
- 달걀 2개
- 체다치즈 1장
- 통밀식빵 2장

양념·소스
- 무설탕 머스터드 0.5숟가락
- 무설탕 케첩 0.5숟가락
- 소금 1꼬집

조리시간 20분
×
보관기간 냉장 2일

율로리아 다이어트 TALKTALK
체다치즈는 탄수화물이 거의 함유되어 있지 않은 제품을 사용하고 저열량 다이어트식을 만들 때는 생략합니다.

01

양배추 100g, 당근 1/2개를 가늘게 채를 썰어주세요.

02

토마토 1/2개는 5mm 두께로 동그랗게 썰어주세요.

03

샐러드용 상추 4장을 반으로 자르고, 대파 1/4대는 길게 4등분한 후 잘게 썰어주세요.

04

달걀 2개를 풀고 소금 1꼬집을 섞어주세요.

05

4의 달걀물에 채 썬 양배추, 당근, 대파를 모두 넣고 섞어주세요.

06

프라이팬에 코코넛오일 0.5숟가락을 두르고 중불에 5의 반죽을 두툼하게 부쳐주세요.
💬 양배추 양이 많으니 두 번 나눠서 부쳐주세요.

07

통밀식빵 1장에 무설탕 머스터드 0.5숟가락을 바르고, 반으로 자른 상추 8쪽, 토마토 3~4조각, 달걀부침을 차례로 올려주세요.

08

7 위에 체다치즈 1장, 무설탕 케첩 0.5숟가락을 올리고 통밀식빵 1장을 덮은 후 샌드위치용 랩으로 싸주세요.

양배추샐러드샌드위치

주재료
- 양배추(또는 적양배추) 100g
- 당근 1/3개
- 토마토 1/2개
- 샐러드용 상추 4장
- 달걀 1개
- 체다치즈 1장
- 통밀식빵 2장

양념·소스
- 코코넛오일 0.5숟가락
- 무설탕 머스터드 2.5숟가락

조리시간 15분
×
보관기간 당일

율로리아 다이어트 TALKTALK
양배추보다 칼로리가 조금 높지만 적양배추를 넣으면 알록달록 눈이 즐거워요.

01

샐러드용 상추 4장을 반으로 자르고, 토마토 1/2개를 5mm 두께로 동그랗게 썰어주세요.

02

양배추 100g, 당근 1/3개를 가늘게 채를 썰어주세요.

03

채 썬 양배추와 당근에 무설탕 머스터드 1숟가락을 넣고 골고루 섞어주세요.

04

프라이팬에 코코넛오일 0.5숟가락을 두르고 달걀 프라이 1개를 만들어주세요.

05

통밀식빵 1장에 무설탕 머스터드 1숟가락을 바르고 반으로 자른 상추 8쪽, 3의 양배추 샐러드를 올려주세요.

06

5의 위에 토마토 3조각, 달걀 프라이 1개, 체다치즈 1장을 올리고 무설탕 머스터드 0.5숟가락을 뿌린 후 통밀식빵 1장을 덮어 샌드위치용 랩으로 싸주세요.

불고기샌드위치

주재료
- 불고기용 소고기 600g (6회 분량)
- 토마토 1/2개
- 대파 1대
- 샐러드용 상추 4장
- 체다치즈 1장
- 통밀식빵 2장

양념·소스
- 양조간장 3숟가락
- 알룰로스 1숟가락
- 후춧가루 조금
- 무설탕 머스터드 0.5숟가락

조리시간 20분
×
보관기간 냉장 2일

율로리아 다이어트 TALKTALK
불고기는 한 번에 많이 만들어 100g씩 나눠 보관하면 샌드위치는 물론 다이어트 비빔밥 또는 곤약면과 함께 비빔국수로 만들어 먹을 수 있어 활용도가 좋아요.

01

불고기용 소고기 600g을 먹기 좋은 크기로 썰고, 대파 1대를 길게 4등분한 후 잘게 다져주세요.

02

샐러드용 상추 4장을 반으로 자르고, 토마토 1/2개는 5mm 두께로 동그랗게 썰어주세요.

03

소고기에 양조간장 3숟가락, 알룰로스 1숟가락, 후춧가루 조금, 다진 대파를 넣고 골고루 버무려주세요.

💬 6개 분량이니 양념 후 100g씩 나눠 냉동 보관합니다.

04

양념한 소고기 100g을 중불에 볶아주세요.

05

통밀식빵 1장에 무설탕 머스터드 0.5숟가락을 바르고 반으로 자른 상추 8쪽, 불고기, 토마토 4조각, 체다치즈 1장을 올린 후 통밀식빵 1장을 덮어주세요.

06

도시락으로 챙길 때는 샌드위치용 랩으로 싸주세요.

두부스테이크샌드위치

주재료
- 두부 1모(150g)
- 토마토 1/2개
- 샐러드용 상추 4장
- 대파 1/2대
- 당근 1/3개
- 애호박 1/4개
- 팽이버섯 1줌
- 달걀 1개
- 체다치즈 1장
- 통밀식빵 2장

양념·소스
- 코코넛오일 1숟가락
- 무설탕 머스터드 0.5숟가락
- 무설탕 케첩 0.5숟가락
- 소금 1꼬집

조리시간 20분
×
보관기간 냉장 2일

율로리아 다이어트 TALKTALK
체다치즈는 탄수화물이 거의 함유되어 있지 않은 제품을 사용하고 저열량 다이어트식을 만들 때는 생략합니다.

01 두부 1모를 으깨서 물기를 빼주세요.

02 샐러드용 상추 4장은 반으로 자르고, 토마토 1/2개는 5mm 두께로 동그랗게 썰어주세요.

03 대파 1/2대, 당근 1/3개, 애호박 1/4개, 팽이버섯 1줌은 잘게 다져주세요.

04 으깬 두부에 소금 1꼬집, 다진 대파, 당근, 애호박, 팽이버섯, 달걀 1개를 넣고 골고루 섞어주세요.

05 4의 두부 반죽 2숟가락을 동글납작하게 뭉쳐주세요.(여러 개 만들어주세요.)

06 프라이팬에 코코넛오일 1숟가락을 두르고 5의 두부 반죽을 중불에 부서지지 않게 구워 두부 스테이크를 만들어주세요.
💬 자꾸 뒤집으면 두부가 으스러질 수 있으니 중불에 천천히 구워주세요. 원형 틀을 이용하면 편리합니다.

07 통밀식빵 1장에 무설탕 머스터드 0.5숟가락을 바르고, 반으로 자른 상추 8쪽, 체다치즈 1장, 토마토 4조각, 두부 스테이크 1개를 올려주세요.

08 무설탕 케첩 0.5숟가락을 뿌리고 통밀식빵 1장을 덮은 후 샌드위치용 랩으로 싸주세요.

견과류치킨샌드위치

주재료
- 익힌 닭가슴살 50g
- 토마토 1/2개
- 양상추 50g
- 견과류 10g
- 체다치즈 1장
- 통밀식빵 2장

양념·소스
- 플레인요거트(또는 그릭요거트) 2숟가락
- 홀그레인 머스터드 0.3숟가락
- 무설탕 머스터드 0.5숟가락
- 소금 1꼬집
- 후춧가루 조금

조리시간 15분
×
보관기간 냉장 3일

욜로리아 다이어트 TALKTALK
견과류에는 단백질, 특히 질 좋은 아미노산이 풍부하고 나쁜 콜레스테롤을 줄이는 불포화지방산이 많아 적당량을 먹으면 다이어트에 도움이 돼요.

01

양상추 50g을 식빵 크기에 맞춰 자르고, 토마토 1/2개를 5mm 두께로 동그랗게 잘라주세요.

02

견과류 10g을 으깨주세요.

03

익힌 닭가슴살 50g을 가늘게 찢어 소금 1꼬집, 후춧가루 조금 뿌려서 섞어주세요.

04

볼에 닭가슴살, 견과류를 담고 플레인요거트 2숟가락을 넣어 골고루 섞어주세요.

05

통밀식빵 1장에 홀그레인머스터드 0.3숟가락을 바르고, 양상추 50g, 토마토 4조각, 견과류, 닭가슴살, 체다치즈 1장을 올려주세요.

06

통밀식빵 1장에 무설탕 머스터드 0.5숟가락을 발라서 덮은 후 샌드위치용 랩으로 싸주세요.

와사비게맛살샌드위치

주재료
- 크래미 90g
- 사과 1/4개
- 양배추 30g
- 오이 1/2개
- 양상추 50g
- 체다치즈 1장
- 통밀식빵 2장

양념·소스
- 와사비 0.1숟가락
- 그릭요거트 1숟가락
- 무설탕 머스터드 0.5숟가락
- 소금 2꼬집

조리시간 15분
×
보관기간 냉장 2일

율로리아 다이어트 TALKTALK
다이어트 요리가 심심한 맛으로 질릴 때 와사비의 알싸한 맛이 밋밋함을 없애줄 거예요.

01 크래미 90g을 가늘게 찢어주세요.

02 사과 1/4개, 양배추 30g, 오이 1/2개를 가늘게 채를 썰어주세요.

03 채 썬 오이는 소금 2꼬집을 버무려 10분간 재워뒀다가 물에 헹군 후 물기를 꽉 짜주세요.

04 양상추 50g을 식빵 크기에 맞춰 잘라주세요.

05 볼에 크래미, 채 썬 양배추, 사과, 오이를 담고 와사비 0.1숟가락, 그릭요거트 1숟가락을 넣어 골고루 섞어주세요.

06 통밀식빵 1장에 무설탕 머스터드 0.5숟가락을 바르고 양상추 50g, 체다치즈 1장, 5의 크래미 샐러드를 올리고 통밀식빵 1장을 덮어주세요.

참치샌드위치

주재료
- 참치 50g
- 토마토 1/2개
- 양배추 80g
- 할라피뇨 3~4조각
- 당근 1/3개
- 샐러드용 상추 4장
- 체다치즈 1장
- 통밀식빵 2장

양념·소스
- 무설탕 머스터드 1.5숟가락
- 그릭요거트 1숟가락
- 홀그레인 머스터드 0.3숟가락

조리시간 15분
×
보관기간 냉장 3일

율로리아 다이어트 TALKTALK
샌드위치는 2일 정도 냉장 보관할 수 있으니 채소의 물기를 최대한 제거하고 만들어요.

01

샐러드용 상추 4장을 반으로 자르고, 토마토 1/2개를 5mm 두께로 잘라주세요.

02

양배추 50g은 채를 썰어주세요.

03

양배추 30g, 할라피뇨 3~4조각, 당근 1/3개를 잘게 다져주세요.

04

참치는 기름기를 빼주세요.

05

다진 양배추, 할라피뇨, 당근에 무설탕 머스터드 1숟가락, 그릭요거트 1숟가락을 넣고 골고루 섞어주세요.

06

통밀식빵 1장에 홀그레인 머스터드 0.3숟가락, 나머지 1장에 무설탕 머스터드 0.5숟가락을 각각 발라주세요.

07

통밀식빵 1장에 반으로 자른 상추 8쪽, 토마토 4조각, 5의 참치 샐러드 2숟가락, 채 썬 양배추 50g을 올려주세요.

08

체다치즈 1장을 올리고 통밀식빵 1장을 덮은 후 샌드위치용 랩으로 싸주세요.

반숙란샌드위치

주재료
- 오이 1개
- 양배추 150g
- 달걀 2개
- 샐러드용 상추 4장
- 체다치즈 1장
- 통밀식빵 2장

양념·소스
- 소금 1.1숟가락
- 식초 1숟가락
- 무설탕 머스터드 1숟가락

조리시간 20분

보관기간 냉장 2일

율로리아 다이어트 TALKTALK
절인 양배추와 오이로 감싼 반숙란샌드위치는 보는 재미도 있지만 다이어트 식사로 포만감이 크고 단백질, 탄수화물, 지방의 영양이 조화로운 메뉴예요.

01

오이 1개, 양배추 150g은 가늘게 채를 썰어주세요.

02

채 썬 오이는 소금 0.3숟가락을 넣고 버무려서 10분간 절인 후 물에 헹군 다음 물기를 꽉 짜주세요.

03

채 썬 양배추는 소금 0.3숟가락, 식초 0.5숟가락을 넣고 버무려서 10분간 절인 후 물에 헹군 다음 물기를 꽉 짜주세요.

04

물(달걀 2/3 정도 잠기는 양)에 달걀 2개, 소금 0.5숟가락, 식초 0.5숟가락을 넣고 8분간 반숙으로 삶아주세요.

05

샐러드용 상추 4장을 반으로 잘라주세요.

06

통밀식빵 1장에 무설탕 머스터드 1숟가락을 바르고, 반으로 자른 상추 8쪽, 체다치즈 1장, 절인 오이, 반숙달걀 2개를 올려주세요.

07

절인 양배추를 듬뿍 올리고 통밀식빵 1장을 덮어주세요.

💬 샌드위치를 반으로 잘랐을 때 사진과 같은 모양이 되도록 달걀 방향을 잘 맞춰주세요.

08

샌드위치용 랩으로 싼 후 달걀 방향을 잘 생각하며 반으로 잘라주세요.

할라피뇨게맛살샌드위치

주재료
- 크래미 90g
- 샐러드용 상추 4장
- 토마토 1/2개
- 할라피뇨 4조각
- 통밀식빵 2장
- 체다치즈 1장

양념·소스
- 그릭요거트 1숟가락
- 홀그레인 머스터드 0.3숟가락
- 무설탕 머스터드 0.5숟가락

조리시간 15분
×
보관기간 냉장 2일

율로리아 다이어트 TALKTALK
다이어트 레시피에 사용하기 힘든 마요네즈 대신 그릭요거트를 사용하면 맛과 칼로리를 모두 잡을 수 있어요.

01 샐러드용 상추 4장은 반으로 자르고, 토마토 1/2개는 5mm 두께로 동그랗게 썰어주세요.

02 크래미 90g을 가늘게 찢어주세요.

03 할라피뇨 4조각은 잘게 다져주세요.

04 크래미에 그릭요거트 1숟가락, 다진 할라피뇨를 섞어주세요.

05 통밀식빵 1장에 홀그레인 머스터드 0.3숟가락을 바르고, 체다치즈 1장, 반으로 자른 상추 8쪽, 토마토 4조각, 4의 크래미샐러드를 올려주세요.

06 통밀식빵 1장에 무설탕 머스터드 0.5숟가락을 발라서 덮은 후 샌드위치용 랩으로 싸주세요.

닭가슴살샌드위치

주재료
- 익힌 닭가슴살 100g
- 적양배추(또는 양배추) 100g
- 토마토 1/2개
- 샐러드용 상추 4장
- 체다치즈 1장
- 통밀식빵 2장

양념·소스
- 무설탕 머스터드 1숟가락

조리시간 15분
×
보관기간 냉장 3일

올로리아 다이어트 TALKTALK
통밀식빵에는 무설탕 머스터드와 홀그레인 머스터드를 바르면 칼로리는 줄이고 맛을 더할 수 있어요.

01 적양배추 100g은 가늘게 채를 썰어주세요.

02 토마토 1/2개는 5mm 두께로 동그랗게 썰고, 샐러드용 상추 4장은 반으로 잘라주세요.

03 익힌 닭가슴살 100g을 5mm 두께로 넓게 썰어주세요.

04 통밀식빵 1장에 무설탕 머스터드 0.5숟가락을 바르고, 반으로 자른 상추 8쪽, 토마토 4조각, 닭가슴살, 채 썬 적양배추, 체다치즈 1장을 올려주세요.

05 통밀식빵 1장에 무설탕 머스터드 0.5숟가락을 발라서 덮은 후 샌드위치용 랩으로 싸주세요.

햄치즈샌드위치

주재료
- 닭가슴살 슬라이스햄 4장
- 양배추 50g
- 토마토 1/2개
- 샐러드용 상추 4장
- 체다치즈 1장
- 통밀식빵 2장

양념·소스
- 할라피뇨 3조각
- 그릭요거트 1숟가락
- 홀그레인 머스터드 0.5숟가락

조리시간　10분
×
보관기간　냉장 3일

율로리아 다이어트 TALKTALK
닭가슴살 슬라이스햄은 훈제오리 슬라이스로 대체할 수 있어요.

01

샐러드용 상추 4장은 반으로 자르고, 토마토 1/2개는 5mm 두께로 동그랗게 잘라주세요.

02

양배추 50g은 가늘게 채를 썰어주세요.

03

할라피뇨 3조각을 다져서 그릭요거트 1숟가락을 섞어주세요.

04

3의 소스를 통밀식빵 1장에 발라주세요.

05

4의 통밀식빵에 반으로 자른 상추 8쪽, 토마토 4조각, 닭가슴살 슬라이스햄 4장을 올려주세요.

06

채 썬 양배추, 체다치즈 1장을 올린 후 통밀식빵 1장에 홀그레인 머스터드 0.5숟가락을 발라서 덮어주세요.

할라피뇨에그샐러드샌드위치

주재료
- 닭가슴살 슬라이스햄 4장
- 달걀 2개
- 샐러드용 상추 4장
- 적양배추 50g
- 토마토 1/2개
- 할라피뇨 3조각
- 체다치즈 1장
- 통밀식빵 2장

양념·소스
- 그릭요거트 2숟가락
- 무설탕 머스터드 1숟가락

조리시간 10분
×
보관기간 냉장 2일

욜로리아 다이어트 TALKTALK
부드러운 에그샐러드에 적양배추를 넣어 아삭한 맛을 더하고 할라피뇨로 매콤한 맛을 추가했어요. 일반 샌드위치보다 훨씬 풍성한 맛을 자랑합니다.

01

적양배추 50g은 얇게 채를 썰어주세요. 채 썬 양배추 중 10g과 할라피뇨 3조각은 잘게 다져주세요.

02

샐러드용 상추 4장은 반으로 자르고, 토마토 1/2개는 5mm 두께로 썰어주세요.

03

달걀 2개를 완숙으로 삶아주세요.

04

삶은 달걀을 으깨고 다진 할라피뇨와 양배추, 그릭요거트 2숟가락을 섞어주세요.

05

통밀식빵 1장에 무설탕 머스터드 0.5숟가락을 바르고, 반으로 자른 상추 8쪽, 토마토 4조각, 닭가슴살 슬라이스햄 4장, 4의 에그샐러드를 올려주세요.

06

채 썬 적양배추, 체다치즈 1장을 올리고 통밀식빵 1장에 무설탕 머스터드 0.5숟가락을 발라서 덮어주세요.

닭가슴살토르티야

주재료
- 닭가슴살 50g
- 당근 1/2개
- 양배추 50g
- 달걀 1개
- 샐러드용 상추 2장
- 체다치즈 1장
- 통밀 토르티야 1장(지름 15cm)

양념·소스
- 무설탕 머스터드 0.5순가락
- 코코넛오일 0.5순가락

조리시간 10분
×
보관기간 냉장 2일

욜로리아 다이어트 TALKTALK
통밀 토르티야를 사용하는 것이 좋습니다. 토르티야는 크기가 작을수록 칼로리와 탄수화물 섭취량이 줄어듭니다.
토르티야 마는 법은 http://youtube/DGa8C_mMgQ를 참고해주세요.

01

샐러드용 상추 2장은 반으로 자르고, 당근 1/2개, 양배추 50g은 가늘게 채를 썰어주세요.

02

통밀 토르티야 1장을 앞뒤로 살짝 구워주세요.

03

닭가슴살을 1.5cm 두께로 길게 잘라서 구워주세요.

04

달걀 1개를 풀고 코코넛오일 0.5순가락을 둘러서 볶아주세요.

05

구운 토르티야에 무설딩 머스터드 0.5순가락을 바르고, 체다치즈 1장, 반으로 자른 상추 4쪽, 구운 닭가슴살, 볶은 달걀, 채 썬 당근, 양배추를 올려주세요.

06

샌드위치용 랩에 토르티야를 올리고 한쪽 끝을 접은 다음 양쪽 끝을 접어 올려서 말아주세요.

불고기 토르티야

주재료
- 불고기용 소고기 100g
- 당근 1/2개
- 양배추 50g
- 깻잎 5장
- 샐러드용 상추 2장
- 통밀 토르티야 1장(지름 15cm)

양념 · 소스
- 무설탕 머스터드 0.5숟가락
- 양조간장 0.5숟가락
- 알룰로스 0.5숟가락
- 후춧가루 조금

조리시간 15분
×
보관기간 냉장 2일

욜로리아 다이어트 TALKTALK
불고기는 다양한 요리에 활용할 수 있으니 한 번에 대량으로 만들어 소분해두었다가 사용하면 편해요.

01

샐러드용 상추 2장은 반으로 자르고, 당근 1/2개, 양배추 50g, 깻잎 5장은 가늘게 채를 썰어주세요.

02

소고기 100g에 양조간장 0.5숟가락, 알룰로스 0.5숟가락, 후춧가루 조금 넣고 버무린 다음 볶아주세요.

03

통밀 토르티야 1장을 앞뒤로 살짝 구워주세요.

04

통밀 토르티야 위에 무설탕 머스터드 0.5숟가락을 바르고, 반으로 자른 상추 4쪽, 볶은 소고기, 채 썬 양배추, 깻잎, 당근을 올려주세요.

05

샌드위치용 랩에 토르티야를 올리고 한쪽 끝을 접은 다음 양쪽 끝을 접어 올려서 말아주세요.

06

반으로 잘라 랩을 벗기고 먹어요.

크래미 토르티야

주재료
- 크래미 90g
- 양배추 50g
- 오이 1/2개
- 빨강 파프리카 1/4개
- 노랑 파프리카 1/4개
- 샐러드용 상추 2장
- 체다치즈 1장
- 통밀 토르티야 1장(지름 15cm)

양념·소스
- 무설탕 요거트 1숟가락
- 와사비 0.1작은숟가락
- 무설탕 머스터드 0.5숟가락

조리시간 15분
×
보관기간 냉장 2일

욜로리아 다이어트 TALKTALK
토르티야를 배부르게 먹고 싶다면 메인인 크래미보다 오이나 파프리카, 양배추의 양을 더 추가해주세요.

01

양배추 50g, 오이 1/2개는 가늘게 채를 썰어주세요.

02

빨강·노랑 파프리카 각 1/4개는 5mm 두께로 채를 썰어주세요.

03

크래미 90g을 얇게 찢어주세요.

04

볼에 크래미, 채 썬 오이를 담고 무설탕 요거트 1숟가락, 와사비 0.1작은숟가락을 섞어주세요.

05

통밀 토르티야 1장을 앞뒤로 살짝 구워주세요.

06

통밀 토르티야에 무설탕 머스터드 0.5숟가락을 바르고, 체다치즈 1장, 샐러드용 상추 2장, 4의 크래미샐러드, 채 썬 파프리카, 양배추를 올려주세요.

07

샌드위치용 랩에 토르티야를 올리고 한쪽 끝을 접은 다음 접히지 않은 양쪽 끝을 접어 올려서 말아주세요.

08

먹기 직전 반으로 잘라 랩을 벗기고 먹어요.

훈제오리토르티야

주재료
- 훈제오리 100g
- 양배추 50g
- 샐러드용 상추 2~3장
- 당근 1/2개
- 빨강 파프리카 1/4개
- 노랑 파프리카 1/4개
- 할라피뇨 3조각
- 통밀 토르티야 1장(지름 15cm)

양념·소스
- 무설탕 머스터드 0.5숟가락

조리시간   15분
×
보관기간   냉장 2일

율로리아 다이어트 TALKTALK
훈제오리 대신 훈제삼겹살을 사용해도 좋아요.
훈제오리는 구운 후 기름기를 꼭 제거해주세요.

01 당근 1/2개, 빨강·노랑 파프리카 각 1/4개는 5mm 두께로 채를 썰고, 양배추 50g은 가늘게 채를 썰어주세요.

02 할라피뇨 3조각을 잘게 다져주세요.

03 통밀 토르티야 1장을 앞뒤로 살짝 구워주세요.

04 훈제오리 100g을 구운 후 키친타월에 올려 기름기를 닦아주세요.

05 통밀 토르티야 위에 무설탕 머스터드 0.5숟가락을 바르고, 샐러드용 상추 2~3장, 채 썬 양배추, 당근, 파프리카, 다진 할라피뇨, 훈제오리를 올려주세요.

06 샌드위치용 랩에 토르티야를 올리고 한쪽 끝을 접은 다음 접히지 않은 양쪽 끝을 접어 올려서 말아주세요.

연어토르티야

주재료
- 슬라이스 연어 100g
- 샐러드용 상추 5장
- 양파 1/4개
- 토마토 1개
- 통밀 토르티야 1장(지름 15cm)

양념·소스
- 무설탕 머스터드 0.5숟가락

조리시간　15분
×
보관기간　당일

율로리아 다이어트 TALKTALK
생연어는 보관 기간이 길지 않으니 한 번 구입했을 때 연어토르티야, 연어콥샐러드, 연어스테이크 등으로 다양하게 조리해서 드세요.

01

토마토 1개는 속을 파내고 길게 잘라주세요.

02

샐러드용 상추 5장은 1cm 두께로 길게 썰고, 양파 1/4개는 채를 썰어주세요.

03

채 썬 양파는 찬물에 담가 매운 맛을 빼주세요.

04

통밀 토르티야 1장을 앞뒤로 살짝 구워주세요.

05

통밀 토르티야 위에 무설탕 머스터드 0.5숟가락을 발라주세요.

06

채 썬 상추, 토마토, 양파, 슬라이스 연어 100g을 펼쳐 올려주세요.

07

샌드위치용 랩에 토르티야를 올리고 한쪽 끝을 접은 다음 접히지 않은 양쪽 끝을 접어 올려서 말아주세요.

두부토르티야

주재료
- 두부 1/2모
- 샐러드용 상추 5장
- 빨강 파프리카 1/2개
- 노랑 파프리카 1/2개
- 체다치즈 1장
- 통밀 토르티야 1장(지름 15cm)

양념 · 소스
- 무설탕 머스터드 0.5숟가락

조리시간 15분
×
보관기간 당일

율로리아 다이어트 TALKTALK
토르티야는 얇아도 주성분이 밀이라 칼로리가 높아요. 통밀 제품을 사용하고 지름이 작은 것을 선택해야 다이어트에 효과가 있어요.

01

두부 1/2모를 5mm 두께로 길게 잘라주세요.

02

빨강 · 노랑 파프리카 각 1/2개는 3mm 두께로 채를 썰어주세요.

03

두부의 물기를 닦고 앞뒤로 구워주세요.

04

통밀 토르티야 1장을 앞뒤로 살짝 구워주세요.

05

구운 토르티야 위에 무설탕 머스터드 0.5숟가락을 발라주세요.

06

샐러드용 상추 5장, 두부, 파프리카, 체다치즈 1장을 올려주세요.

07

샌드위치용 랩에 토르티야를 올리고 한쪽 끝을 접은 다음 접히지 않은 양쪽 끝을 접어 올려서 말아주세요.

08

어슷하게 반으로 잘라 랩을 벗기고 먹어요.

반미

주재료
- 쌀바게트 50g
- 훈제삼겹살 50g
- 무 50g
- 당근 1/4개(25g)
- 양파 1/4개(25g)
- 샐러드용 상추 4장
- 고수 2~3줄

양념·소스
- 식초 1.5숟가락
- 소금 0.25숟가락
- 무설탕 머스터드 0.5숟가락
- 스리라차 소스 조금

조리시간 20분
×
보관기간 2일

율로리아 다이어트 TALKTALK
쌀바게트의 속을 파내면 칼로리와 당질을 줄일 수 있어요.

01

무 50g, 당근 1/4개, 양파 1/4개는 채를 썰어주세요.

02

고수 2~3줄은 먹기 좋은 크기로 자르고 샐러드용 상추 4장은 반으로 잘라주세요.

03

채 썬 무, 당근, 양파에 식초 1.5숟가락, 소금 0.25숟가락을 넣고 버무린 다음 10분간 절여주세요.

04

3의 절인 채소는 찬물에 헹궈 물기를 짜주세요.

05

훈제삼겹살 50g은 가늘게 채를 썰어주세요.

… 훈제삼겹살 대신 닭가슴살이나 불고기 50g을 넣어도 맛있습니다.

06

쌀바게트를 한쪽 면이 떨어지지 않게 반으로 잘라서 빵 속을 파내요.

07

바게트 속에 무설탕 머스터드 0.5숟가락을 위아래로 바르고, 상추, 절인 무, 당근, 양파를 먼저 넣고 훈제삼겹살을 넣어주세요.

08

스리라차 소스를 조금 뿌리고 고수를 넣어주세요.

Part 4.
다이어트 한 그릇

참치치즈오트밀

주재료
- 오트밀 3숟가락
- 참치 1숟가락
- 물 7숟가락
- 체다치즈 1장

양념·소스
- 아가베시럽(또는 알룰로스) 0.5숟가락

조리시간 5분
×
보관기간 바로

율로리아 다이어트 TALKTALK
오트밀에는 식이섬유 베타글루칸 성분이 들어 있어 콜레스테롤 수치 개선에 효과적이에요. 적은 양으로도 포만감을 느낄 수 있어 다이어트에 좋아요.

01 오트밀 3숟가락, 참치 1숟가락, 물 7숟가락을 골고루 섞어주세요.

02 넓은 그릇에 1을 얇게 편 다음 랩을 씌우고 전자레인지에 1분 30초 돌려주세요.

03 체다치즈 1장을 올리고 전자레인지에 10초 더 돌려주세요.

04 아가베시럽 0.5숟가락을 뿌려서 먹으면 달콤함을 느낄 수 있어요.

 시럽을 뿌리지 않고 먹으면 다이어트에 더 효과적이에요.

오트밀참치죽

주재료(2회 분량)
- 오트밀 5숟가락
- 달걀 1개
- 참치 50g(1숟가락)
- 양파 1/8개
- 당근 1/4개
- 애호박 1/4개
- 물 300ml(1.5컵)

양념 · 소스
- 참기름 1숟가락
- 김가루 0.5숟가락

조리시간 10분
×
보관기간 냉장 2일

율로리아 다이어트 TALKTALK
오트밀은 식이섬유가 풍부하고 당질이 낮은 탄수화물이에요. 소량으로도 포만감을 느낄 수 있고 짧은 조리 시간으로 부드럽고 맛있는 죽을 만들 수 있어요.

01

양파 1/8개, 당근 1/4개, 애호박 1/4개를 다져주세요.

02

다진 채소에 참기름 1숟가락을 두르고 중불에 볶아주세요.

03

2에 물 300ml(1.5컵)를 붓고 오트밀 5숟가락, 참치 50g(1숟가락)을 넣어 센불에 끓여주세요.

💬 참치 대신 크래미 또는 닭가슴살, 소고기를 넣으면 또 다른 오트밀죽이 됩니다.

04

불을 끄고 달걀 1개를 풀어 섞어주세요.

05

김가루 0.5숟가락을 올려주세요.

오나오(오버나이트오트밀)

주재료
- 오트밀 3숟가락
- 그릭요거트 100g
- 견과류 10g

조리시간 6시간
×
보관기간 냉장 1일

올로리아 다이어트 TALKTALK
잠들기 전 만들어 냉장고에 넣어두었다가 아침에 간단하고 든든하게 먹을 수 있어 아침이 바쁜 워킹맘에게 딱인 다이어트 음식이에요.

01
오트밀 3숟가락, 그릭요거트 100g을 섞어주세요.

02
1에 랩을 씌우고 냉장고에 4시간 이상 보관하세요.

03
견과류 10g을 올려 골고루 섞어주세요.

💬 취향에 따라 블루베리를 조금 섞어도 됩니다. 베리류에는 당분이 많으니 체중 감량이 목표라면 생략하는 것이 좋아요.

곤약잡채

주재료
- 실곤약 200g
- 새송이버섯 1개
- 양파 1/2개
- 당근 1/3개
- 부추 1줌
- 달걀 1개

양념·소스
- 코코넛오일 0.3숟가락
- 양조간장 0.5숟가락
- 참기름 1숟가락
- 식초 1숟가락

조리시간 20분
×
보관기간 냉장 1일

욜로리아 다이어트 TALKTALK
면요리가 먹고 싶을 때는 실곤약을 사용해보세요. 곤약은 수분 함량이 많고 식이섬유가 들어 있어 포만감이 크고 탱글한 식감이 씹는 즐거움을 줍니다.

01 식초 1숟가락을 넣은 물에 실곤약 200g을 30초간 데치고 찬물에 헹궈 물기를 빼주세요.

02 새송이버섯 1개, 양파 1/2개, 당근 1/3개는 채를 썰어주세요.

03 부추 1줌을 5cm로 잘라주세요.

04 달걀 1개를 흰자와 노른자로 분리해서 지단을 부쳐주세요.

05 달걀지단을 반으로 잘라 돌돌 말아서 채를 썰어주세요.

06 프라이팬에 코코넛오일 0.3숟가락을 두르고 양파와 당근을 먼저 볶다가 새송이버섯을 함께 볶아주세요.

07 6에 부추와 실곤약, 달걀지단, 양조간장 0.5숟가락, 참기름 1숟가락을 넣고 섞어주세요.

닭가슴살냉채

주재료
- 닭가슴살 100g
- 오이 1개
- 빨강 파프리카 1/2개
- 노랑 파프리카 1/2개
- 양파 1/4개
- 양배추 1/4개(50g)
- 방울토마토 8개

양념·소스
- 양조식초 1숟가락
- 연겨자 0.2숟가락
- 알룰로스 0.3숟가락
- 다진 마늘 0.1숟가락

조리시간 **10분**
×
보관기간 **냉장 3일**

욜로리아 다이어트 TALKTALK
겨자의 톡 쏘는 맛으로 다이어트 식단이 아닌 일반 식단의 즐거움을 느낄 수 있어요. 오이 대신 오이맛고추를 사용해도 좋아요.

01

오이 1개, 빨강·노랑 파프리카 각 1/2개, 양파 1/4개, 양배추 1/4개를 얇게 채를 썰어주세요.

02

방울토마토 8개를 반으로 잘라주세요.

03

닭가슴살 100g을 가늘게 찢어주세요.

💬 시간 절약을 위해 시판용 삶은 닭가슴살을 사용합니다.

04

양조식초 1숟가락, 연겨자 0.2숟가락, 알룰로스 0.3숟가락, 다진 마늘 0.1숟가락을 골고루 섞어 겨자 소스를 만들어주세요.

05

접시에 오이, 파프리카, 양파, 닭가슴살을 색깔별로 동그랗게 담은 후 가운데 방울토마토를 올려주세요.

06

겨자 소스를 뿌려 골고루 섞어주세요.

훈제오리파채무침

주재료
- 훈제오리 100g
- 대파 1대

양념 · 소스
- 양조간장 1숟가락
- 양조식초 1숟가락
- 고춧가루 0.3숟가락
- 깨소금 1숟가락

조리시간 15분
×
보관기간 냉장 2일

욜로리아 다이어트 TALKTALK
오리고기는 단백질과 불포화지방산이 풍부해 혈중 콜레스테롤을 낮춰줘 다이어트에 효과적이에요.

01 대파 1대는 10cm 길이로 자른 후 반으로 가르고 돌돌 말아서 채를 썰어주세요.

02 파채를 찬물에 담가 매운맛을 제거한 후 물기를 빼주세요.

03 훈제오리 100g을 볶아서 기름기를 빼주세요.

04 양조간장 1숟가락, 양조식초 1숟가락, 고춧가루 0.3숟가락, 깨소금 1숟가락을 골고루 섞어서 양념장을 만들어주세요.

05 파채에 양념장을 골고루 버무려주세요.

06 접시에 파채와 기름기를 뺀 훈제오리를 담아주세요.

소고기숙주볶음

주재료
- 소고기 100~150g
- 숙주 1공기
- 아스파라거스 1~2대

양념 · 소스
- 코코넛오일 0.5숟가락
- 소금 1꼬집
- 스리라차 소스 1숟가락(선택)

조리시간 15분
×
보관기간 냉장 2일

욜로리아 다이어트 TALKTALK
숙주는 지방대사에 관여하는 비타민 B_2가 들어 있어 다이어트 식재료로 좋아요.

01 아스파라거스 1~2대는 2.5cm, 소고기 100~150g은 3cm 크기로 잘라주세요.

02 프라이팬에 코코넛오일 0.5숟가락을 두르고 소고기를 중불에 볶아주세요.

03 2에 아스파라거스와 소금 1꼬집을 넣고 볶아주세요.

04 숙주 1공기를 넣고 섞은 후 뚜껑을 덮고 2분간 익혀주세요.

05 뚜껑을 열고 골고루 볶아주세요.
● 매콤한 맛을 원한다면 스리라차 소스 1숟가락을 넣고 골고루 볶아주세요.

소고기채소국수

주재료(2회 분량)
- 소고기 100g(샤부샤부용)
- 목이버섯 3개
- 숙주 2줌
- 팽이버섯 1봉
- 양배추 100g
- 당근 1/3개
- 대파 1/2대

양념·소스
- 코코넛오일 0.5숟가락
- 소금 2꼬집
- 물 500ml

조리시간 20분
×
보관기간 냉장 5일

욜로리아 다이어트 TALKTALK
다이어트를 할 때는 간을 하지 않고 그냥 먹는 것이 좋지만 꼭 필요하다면 국간장 또는 소금으로 싱겁게 간을 맞춰주세요.

01 목이버섯 3개를 불린 후 한입 크기로 잘라주세요.

02 양배추 100g은 3×4cm 크기로 썰어주세요.

03 당근 1/3개는 반달썰기, 대파 1/2대는 송송 썰어주세요.

04 프라이팬에 코코넛오일 0.5숟가락을 두르고 소고기, 대파를 볶아주세요.

05 4에 당근, 양배추, 목이버섯을 넣고 소금 2꼬집을 뿌려서 볶아주세요.

06 물 500ml에 숙주와 5의 볶은 재료를 넣고 끓여주세요.

07 채소육수가 진해지도록 중불에 푹 끓이다가 마지막에 팽이버섯을 올리고 불을 끕니다.

소고기버섯볶음

주재료
- 소고기 100g(샤부샤부용)
- 아스파라거스 2대
- 양파 1/4개
- 표고버섯 3개

양념·소스
- 코코넛오일 0.5숟가락
- 소금 2꼬집
- 후춧가루 조금

조리시간 10분
×
보관기간 냉장 2일

율로리아 다이어트 TALKTALK
버섯은 식이섬유가 풍부하고 면역력 강화에 효과가 있어서 체중 감량 중 약해진 면역력 향상에 도움을 줍니다. 다양한 버섯을 활용해보세요.

01
아스파라거스 2대는 3cm 길이로 잘라주세요.

02
양파 1/4개, 표고버섯 3개는 5mm 두께로 썰어주세요.

03
프라이팬에 코코넛오일 0.5숟가락을 두르고 양파, 아스파라거스, 표고버섯을 볶아주세요.

04
소고기 100g, 소금 2꼬집, 후춧가루 조금 넣고 볶아주세요.

05
소고기가 익으면 접시에 담아주세요.

소고기덮밥

주재료(4회 분량)
- 소고기 400g(샤부샤부용)
- 표고버섯 4개
- 팽이버섯 1/2봉
- 달걀노른자 1개
- 양파 1/2개
- 대파 1대
- 곤약현미밥 50~100g
- 물 300ml

양념·소스
- 코코넛오일 1숟가락
- 양조간장 6숟가락
- 맛술 1숟가락
- 생강가루 0.2숟가락

조리시간 15분
×
보관기간 냉장 3일

율로리아 다이어트 TALKTALK
일반식이 그리운 날 맛있게 한 그릇 먹을 수 있는 메뉴입니다. 곤약현미밥 대신 실곤약을 사용하면 칼로리도 줄이고 국수 식감도 즐길 수 있어요.

01

표고버섯 4개는 밑동을 뗀 후 2mm 두께로 썰고, 팽이버섯 1/2봉은 잘게 찢어주세요.

02

양파 1/2개는 얇게 채를 썰고 대파 1대는 얇게 송송 썰어주세요.

03

프라이팬에 코코넛오일 1숟가락을 두르고 대파 흰 부분, 양파를 볶아주세요.

04

3에 소고기 400g을 넣고 볶아주세요.

05

소고기가 익으면 양조간장 6숟가락, 맛술 1숟가락, 물 200ml, 생강가루 0.2숟가락을 넣고 끓여주세요.

06

국물이 끓으면 표고버섯, 팽이버섯, 물 100ml를 넣고 끓여주세요.

07

국물이 다시 끓으면 대파 푸른 부분을 넣고 살짝 끓여주세요.

08

그릇에 곤약현미밥 50~100g, 7의 1회 분량을 올리고 국물 1작은국자를 부은 다음 달걀노른자 1개를 올려주세요.

연어스테이크

주재료
- 연어 100g
- 애호박 1/4개
- 당근 1/5개
- 양파 1/4개

양념·소스
- 버터(또는 코코넛오일) 0.5숟가락
- 그릭요거트 1숟가락
- 소금 조금
- 와사비 조금

조리시간 15분
×
보관기간 바로

욜로리아 다이어트 TALKTALK
연어는 단백질이 풍부해서 다이어트에 좋아요. 채소와 함께 먹으면 포만감도 크고 든든하고 근사한 한 끼 식사가 됩니다.

01 애호박 1/4개, 당근 1/5개는 3mm 두께로 반달썰기를 하고, 양파 1/4개는 2×2cm 크기로 썰어주세요.

02 프라이팬에 버터(또는 코코넛오일) 0.5숟가락을 두르고 당근을 볶아주세요.

03 당근이 익어갈 때 애호박, 양파를 넣고 소금 조금 뿌려서 볶아주세요.

04 연어 100g을 중약불에 구워주세요.
💬 연어살이 부스러지지 않도록 자주 뒤집지 않는 것이 좋아요.

05 그릭요거트 1숟가락, 와사비 조금 넣고 섞어서 소스를 만들어주세요.

06 접시에 연어와 볶은 채소를 담고 소스를 뿌리거나 찍어서 먹어요.

시금치해물볶음

주재료
- 모둠해물 100g(1컵)
- 시금치 100g(2줌)
- 달걀 2개
- 방울토마토 4개
- 양파 1/4개

양념·소스
- 코코넛오일 1숟가락
- 소금 1꼬집

조리시간   10분
×
보관기간   당일

욜로리아 다이어트 TALKTALK
비타민과 섬유질이 풍부한 시금치는 포만감은 물론 자체의 단맛 때문에 일반식이 먹고 싶은 날이나 단맛이 당기는 날 먹으면 좋아요.

01

모둠해물 100g(1컵)을 끓는 물에 데쳐주세요.

02

시금치 100g(2줌)을 반으로 잘라주세요.

03

방울토마토 4개는 반으로 자르고, 양파 1/4개는 다져주세요.

04

달걀 2개를 풀고 소금 1꼬집을 섞어주세요.

05

프라이팬에 코코넛오일 1숟가락을 두르고 중불에 다진 양파, 모둠해물, 시금치, 방울토마토를 볶아주세요.

06

약불로 줄인 다음 5의 재료를 프라이팬 가장자리에 밀어놓고 가운데 달걀물을 조금씩 부어 볶아주세요.

07

달걀이 익으면 다른 재료와 섞어주세요.

토달볶음

주재료
- 토마토 1개
- 달걀 2개
- 대파 1/3대
- 우유 3숟가락

양념·소스
- 코코넛오일 0.5숟가락
- 소금 1꼬집

조리시간 10분
×
보관기간 당일

율로리아 다이어트 TALKTALK
토마토에는 포만감을 주는 펙틴 성분과 식이섬유가 풍부해서 다이어트에 좋은 식품이에요.

01

대파 1/3대는 가늘게 썰고, 토마토 1개는 8등분한 후 꼭지를 떼고 씨를 빼주세요.

02

씨를 뺀 토마토는 2×2cm 크기로 썰어주세요.

03

달걀 2개, 우유 3숟가락, 소금 1꼬집을 섞어주세요.

04

프라이팬에 코코넛오일 0.5숟가락을 두르고 대파를 볶아주세요.

05

대파가 익으면 약불로 낮춰 3의 달걀물을 넣고 살살 저어가며 익혀주세요.

06

달걀이 2/3 정도 익으면 덜어내고, 토마토를 볶아주세요.

07

토마토가 익을 때쯤 덜어낸 달걀을 넣고 골고루 섞어주세요.

에그인헬

주재료(4회 분량)
- 소고기 300g
- 샐러리 2대
- 새송이버섯 2개
- 양파 1/4개
- 청양고추 1개
- 방울토마토 10개
- 달걀 1개
- 체다치즈 1장
- 물 100ml

양념・소스
- 무설탕 토마토소스 200ml
- 코코넛오일 0.5숟가락
- 다진 마늘 0.5숟가락

조리시간 15분
×
보관기간 냉장 5일

욜로리아 다이어트 TALKTALK
7단계까지 완성한 후 1회씩 소분하여 냉동 보관해두었다가 먹기 전 달걀과 치즈만 넣어 조리하면 간편하게 한 끼 식사 완성!

01

샐러리 2대는 1cm, 새송이버섯 2개는 1×1.5cm 크기로 썰어주세요.

02

양파 1/4개는 다지고, 청양고추 1개는 3mm 두께로 썰어주세요.

03

방울토마토 10개는 4등분으로 잘라주세요.

04

소고기 300g을 1×1.5cm 크기로 썰어주세요.

05

프라이팬에 코코넛오일 0.5숟가락을 두르고 소고기와 다진 양파, 다진 마늘 0.5숟가락을 넣고 볶아주세요.

06

양파가 투명해지면 샐러리와 방울토마토, 새송이버섯을 넣고 볶아주세요.

07

무설탕 토마토소스 200ml, 물 100ml를 넣고 골고루 섞은 후 청양고추를 넣고 끓여주세요.

08

1회 분량을 널어낸 후 체다치즈 1장을 넣고 끓이다 달걀 1개를 넣고 흰자만 익혀주세요. 뚜껑을 덮고 익히면 편해요.

바지락순두부

주재료(4회 분량)
- 순두부 1봉
- 바지락 1봉
- 간 돼지고기 100g
- 팽이버섯 1봉
- 애호박 1/3개
- 양파 1/2개
- 대파 1/2대
- 청양고추 1개
- 달걀 1개
- 물 800ml

양념·소스
- 코코넛오일 0.5숟가락
- 다진 마늘 0.3숟가락
- 새우젓 0.5숟가락
- 후춧가루 조금
- 천일염 1숟가락

조리시간 20분
×
보관기간 냉장 3일

욜로리아 다이어트 TALKTALK
순두부는 칼로리가 낮고 단백질 함유량이 높아 많이 먹어도 안심할 수 있는 다이어트 식품이에요.

01

천일염 1숟가락을 넣은 물에 바지락 1봉을 넣고 빛을 차단해서 30분 정도 해감한 후 씻어주세요.

02

대파 1/2대, 청양고추 1개는 송송 썰고, 양파 1/2개는 가늘게 채를 썰어주세요.

03

팽이버섯 1봉은 반으로 자르고, 애호박 1/3개는 반달썰기를 해주세요.

04

코코넛오일 0.5숟가락을 두르고 양파, 간 돼지고기 100g, 다진 마늘 0.3숟가락, 후춧가루 조금 넣고 볶아주세요.

05

4에 물 800ml, 새우젓 0.5숟가락을 넣고 끓여주세요.

06

바지락, 애호박, 청양고추를 넣고 끓여주세요.

07

바지락이 입을 벌리면 자른 순두부 1봉, 팽이버섯, 대파를 넣고 끓여주세요.

08

국이 끓으면 달걀 1개를 풀어주세요.

💬 식성에 따라 간을 맞춰주세요. 다이어트를 할 때는 최대한 싱겁게 먹어야 체중 감량에 효과적이에요.

소고기뭇국

주재료
- 국거리 소고기 100g
- 무 100g
- 두부 1/2모
- 대파 1/2대
- 물 500ml

양념・소스
- 국간장 1숟가락
- 다진 마늘 0.3숟가락
- 참기름 1숟가락

조리시간 20분
×
보관기간 냉장 5일

욜로리아 다이어트 TALKTALK
다이어트를 할 때는 뭇국의 건더기만 먹어요. 배가 차지 않을 때는 곤약 현미밥 100g을 함께 먹어요.

01

무 100g과 두부 1/2모는 3×3cm 크기로 납작하게 썰고, 대파 1/2대는 송송 썰어주세요.

02

국거리 소고기 100g은 1×1cm 크기로 깍둑썰기를 해주세요.

03

무와 소고기를 참기름 1숟가락을 두르고 중불에 볶아주세요.

04

고기 겉면이 익으면 국간장 1숟가락을 넣고 계속 볶아주세요.

05

물 500ml를 붓고 국이 끓으면 중약불에서 10~15분 끓여주세요.
💬 오래 끓여야 무에서 단맛이 많이 나와요.

06

다진 마늘 0.3숟가락을 넣고 소금 또는 국간장으로 약간 싱겁게 간을 맞춰주세요.

07

대파와 두부를 넣고 센불에 한 번 더 끓여주세요.

소고기미역국

주재료
- 미역 1줌
- 국거리 소고기 100g
- 물 800ml

양념·소스
- 들기름 1숟가락
- 국간장 1~2숟가락
- 다진 마늘 0.2숟가락
- 소금 조금

조리시간 30분
×
보관기간 냉장 3일

율로리아 다이어트 TALKTALK
미역은 포만감이 크고 비타민과 미네랄 함량이 높아 다이어트 중 아침 식단으로 먹으면 좋아요. 국물은 소량 또는 먹지 않고 미역을 많이 섭취하세요.

01

미역 1줌을 불린 후 씻어서 물기를 꽉 짜고 잘라주세요.

02

씻은 미역에 들기름 1숟가락을 넣고 볶아주세요.

03

볶은 미역에 소고기 100g, 국간장 1~2숟가락을 넣고 볶아주세요.

04

물 800ml를 넣고 끓여주세요.

05

국이 끓으면 다진 마늘 0.2숟가락을 넣고, 소금으로 심심하게 간을 맞춘 후 중불에 푹 끓여주세요.

Part 5.
다이어트 주말 특식

매운새우떡볶이

주재료
- 냉동새우 10마리
- 곤약 100g
- 달걀 1개
- 대파 1/3대
- 청양고추 1개

양념 · 소스
- 멸치육수 400ml
  (물 500ml, 국물용 멸치 2줌, 다시마 3×4cm 1장, 대파 흰 부분)
- 다진 마늘 0.1숟가락
- 고춧가루 2숟가락
- 양조간장 2숟가락
- 알룰로스 1숟가락

조리시간   20분
×
보관기간   당일

율로리아 다이어트 TALKTALK

물 500ml에 국물용 멸치 2줌, 다시마 3×4cm 1장, 대파 흰 부분을 넣고 끓여 다이어트용 멸치육수를 만들어두면 요리할 때 편해요.
대량으로 만들 때 물 500ml 재료를 기준으로 증량해서 만들면 됩니다.

01
끓는 물에 식초 1숟가락을 넣고 곤약 100g을 데친 후 식혀주세요.

02
달걀 1개를 삶아서 4등분해주세요.

03
데친 곤약을 5mm 두께로 썰어서 가운데 칼집을 넣고 뒤집어주세요.

💬 곤약은 두툼해야 떡 대신 쫄깃한 식감을 즐길 수 있습니다.

04
대파 1/3대, 청양고추 1개를 송송 썰어주세요.

05
멸치육수 400ml에 다진 마늘 0.1숟가락, 고춧가루 2숟가락, 양조간장 2숟가락, 송송 썬 청양고추, 대파를 넣고 끓여주세요.

06
끓는 육수에 냉동새우 10마리, 데친 곤약을 넣고 끓여주세요.

07
알룰로스 1숟가락을 넣어주세요.

08
그릇에 곤약과 새우를 담고 삶은 달걀을 올려주세요.

곤약두부꼬치

주재료
- 곤약 100g
- 두부 150g

양념 · 소스
- 코코넛오일 0.5숟가락
- 양조간장 0.5숟가락
- 무설탕 케첩 0.5숟가락
- 고춧가루 0.3숟가락
- 알룰로스 1숟가락

조리시간   15분
×
보관기간   냉장 2일

욜로리아 다이어트 TALKTALK
소시지가 정말 먹고 싶다면 두부 대신 닭가슴살 소시지를 한 번 데쳐 기름기와 나트륨을 빼고 사용하세요.

01
끓는 물에 식초 1숟가락을 넣고 곤약 100g을 데쳐주세요.

02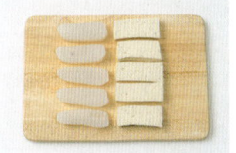
두부 150g을 곤약과 같은 크기로 잘라주세요.

03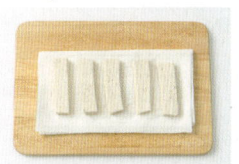
자른 두부는 키친타월에 올려 물기를 빼주세요.

04
프라이팬에 코코넛오일 0.5숟가락을 두르고 약불에 두부를 부쳐주세요.

05
양조간장 0.5숟가락, 무설탕 케첩 0.5숟가락, 고춧가루 0.3숟가락, 알룰로스 1숟가락을 섞어 소스를 만들어주세요.

06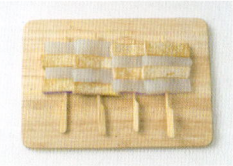
꽂이에 곤약 - 두부 - 곤약 - 두부 순서로 끼워주세요.

07
곤두곤두에 소스를 발라가며 앞뒤로 구워주세요.

분짜

주재료
- 돼지고기 앞다리살 100g
- 실곤약 100g
- 상추 100g
- 파프리카 1/2개
- 양배추 50g
- 양파 1/4개
- 당근 1/4개

양념·소스
- 양조간장 0.5숟가락
- 알룰로스 1숟가락
- 후춧가루 조금
- 청양고추 1/2개
- 홍고추 1/2개
- 쪽파 2대
- 물 50ml
- 멸치액젓 25ml
- 식초 1.5숟가락
- 다진 마늘 0.3숟가락
- 레몬즙 0.5숟가락

조리시간 20분

×

보관기간 냉장 2일

욜로리아 다이어트 TALKTALK
다이어트에 주로 사용하는 돼지고기 뒷다리살보다 앞다리살이 지방 함량이 적어 칼로리가 더 낮아요. 돼지고기 앞다리살 사용 시 지방을 최대한 제거해야 다이어트에 도움이 돼요.

01 돼지고기 앞다리살 100g에 양조간장 0.5숟가락, 알룰로스 0.5숟가락, 후춧가루 조금 넣고 골고루 버무린 다음 재워주세요.

02 물 50ml, 멸치액젓 25ml, 식초 0.5숟가락, 알룰로스 0.5숟가락을 끓여서 느억맘 소스를 만들고 식힌 후 다진 마늘 0.3숟가락, 레몬즙 0.5숟가락, 다진 청양고추 1/2개, 홍고추 1/2개, 쪽파 2대를 섞어주세요.

03 상추 100g은 2cm, 파프리카 1/2개는 2mm 두께로 썰어주세요.

04 양배추 50g, 양파 1/4개, 당근 1/4개는 가늘게 채를 썰어주세요.

05 끓는 물에 식초 1숟가락을 넣고 실곤약 100g을 10초 데친 후 찬물로 헹궈 물기를 빼주세요.

06 양념한 돼지고기 앞다리살을 센 불에 납작하게 눌러 숯불구이처럼 구워주세요.

07 접시에 채 썬 양배추, 양파, 당근, 데친 실곤약, 구운 돼지고기를 담고, 느억맘 소스를 작은 그릇에 담아서 냅니다.

오이미역냉국수

주재료
- 실곤약 200g
- 달걀 1개
- 오이 1/4개
- 자른 미역 1숟가락
- 얼음 조금

양념·소스
- 생수 200ml
- 소금 0.1숟가락
- 알룰로스 0.5숟가락
- 양조식초 1.5숟가락
- 다진 마늘 0.1숟가락

조리시간 15분
×
보관기간 당일

욜로리아 다이어트 TALKTALK
더운 여름 새콤한 냉국에 칼로리가 거의 없는 실곤약과 오이로 무더위를 잊을 수 있어요. 배부르게 먹고 싶을 때는 오이와 미역 양을 늘려주세요.

01

생수 200ml, 소금 0.1숟가락, 알룰로스 0.5숟가락, 양조식초 1숟가락, 다진 마늘 0.1숟가락을 섞어서 냉국을 만들고 냉장고에 넣어 차갑게 보관해주세요.

02

자른 미역 1숟가락을 물에 불린 후 끓는 물에 데치고 찬물에 헹궈 물기를 짜주세요.

03

달걀 1개를 삶아서 식으면 껍질을 까주세요.

04

끓는 물에 식초 0.5숟가락을 넣어 실곤약 200g을 데치고 찬물에 헹궈 물기를 빼주세요.

05

삶은 달걀은 반으로 자르고 오이 1/4개는 채를 썰어주세요.

06

곤약에 시원한 냉국을 붓고 채 썬 오이, 데친 미역, 삶은 달걀, 얼음을 올려주세요.

쫄면인 듯

주재료
- 실곤약 100g
- 달걀 1개
- 양파 1/2개
- 양배추 100g
- 당근 1/2개
- 상추 4장
- 콩나물 1공기

양념·소스
- 식초 2숟가락
- 양조간장 1.5숟가락
- 고춧가루 1.5숟가락
- 알룰로스 0.5숟가락

조리시간 30분
×
보관기간 당일

올로리아 다이어트 TALKTALK
양껏 먹고 싶다면 콩나물 양을 늘리면 포만감이 커지고 칼로리는 낮아서 다이어트에 더 좋아요.

01 양파 1/2개를 강판에 갈아주세요.

02 간 양파 1숟가락, 식초 1숟가락, 양조간장 1.5숟가락, 고춧가루 1.5숟가락, 알룰로스 0.5숟가락을 섞어 양념장을 만들고 30분 이상 숙성해주세요.

03 콩나물 1공기를 끓는 물에 데쳐주세요.

04 달걀 1개를 삶아서 반으로 잘라주세요.

05 끓는 물에 식초 1숟가락을 넣고 실곤약 100g을 데친 후 찬물에 헹궈 물기를 빼주세요.

06 상추 4장, 당근 1/2개, 양배추 100g은 채를 썰어주세요.

07 그릇에 데친 실곤약과 삶은 콩나물, 채 썬 양배추, 당근, 상추를 담고, 양념장 1숟가락, 삶은 달걀을 올려주세요.

콩국수

주재료
- 콩국물 200ml
- 달걀 1개
- 실곤약 200g
- 오이 1/2개
- 방울토마토 4개
- 아몬드 4개
- 검은깨 조금
- 얼음 1컵

양념·소스
- 소금 2꼬집
- 식초 0.5숟가락

조리시간 10분
×
보관기간 당일

욜로리아 다이어트 TALKTALK
일반 콩국물 대신 서리태 콩국물을 사용하면 탈모 예방과 다이어트에 더 도움이 돼요.

달걀 1개를 삶아서 식으면 껍질을 까주세요.

끓는 물에 식초 0.5숟가락을 넣고 실곤약 200g을 데친 후 찬물에 헹궈 물기를 빼주세요.

오이 1/2개는 얇게 채를 썰고 방울토마토 4개는 반으로 잘라주세요.

콩국물 200ml, 아몬드 4개, 얼음 1컵을 믹서에 갈아주세요.(콩국물을 준비하기 어려울 때는 두부 100g, 무설탕 두유 150ml, 아몬드 4개, 얼음 1컵을 넣고 갈아줍니다.)

국그릇에 데친 실곤약, 채 썬 오이를 담고 콩국물을 부은 다음 삶은 달걀, 방울토마토, 검은깨 조금 올려주세요. 소금 2꼬집을 넣고 간을 맞춥니다.
💬 소금은 생략해도 됩니다.

라타투이

주재료(2~3인분)
- 닭가슴살 100g
- 토마토 1개
- 가지 1개
- 애호박 1개
- 양파 1/2개

양념·소스
- 코코넛오일(또는 올리브오일) 1숟가락
- 무설탕 토마토소스 200ml
- 소금 2꼬집
- 후춧가루 조금

조리시간 30분
×
보관기간 냉장 2일

율로리아 다이어트 TALKTALK
〈오븐 또는 에어프라이어 이용 방법〉
3의 과정을 생략하고 5의 과정 후 채소 위에 올리브오일을 살짝 바르고 예열된 오븐 또는 에어프라이어에 180도, 20분 구워주세요.

01

가지 1개, 애호박 1개를 2mm 두께로 동그랗게 썰어주세요.

02

토마토 1개를 2mm 두께로 동그랗게 썰어주세요.

03

프라이팬에 기름을 두르지 않고 가지와 애호박을 앞뒤로 구워 수분을 날려주세요. 토마토는 살짝 익는 정도로 구워주세요.

04

닭가슴살 100g, 양파 1/2개, 사투리 채소(1의 가지, 애호박, 토마토 위아래 동그란 부분)를 잘게 다져주세요.

05

코코넛오일(또는 올리브오일) 1숟가락, 다진 닭가슴살, 양파, 사투리 채소, 소금 2꼬집, 후춧가루 조금 볶다가 무설탕 토마토소스 200ml를 붓고 끓여주세요.

● 소스가 끓으면서 주변으로 튈 수 있으니 주의합니다.

06

소스 위에 동그랗게 자른 애호박, 가지, 토마토를 번갈아 빙 두른 후, 뚜껑을 덮고 약불에 살짝 데워주세요.

토르티야피자

주재료
- 통밀 토르티야 1장(지름 15cm)
- 닭가슴살(훈제삼겹살) 100g
- 오이맛 고추 1개
- 방울토마토 4개
- 블랙올리브 2개
- 체다치즈 2장

양념·소스
- 무설탕 토마토소스 2숟가락

조리시간 15분

욜로리아 다이어트 TALKTALK
닭가슴살 대신 훈제삼겹살을 사용해도 좋아요. 에어프라이어 또는 오븐이 없다면 가스레인지에 약불로 뚜껑을 덮어서 구워줍니다.

01

닭가슴살 100g을 1×2.5cm 크기로 얇게 잘라주세요.

02

오이맛고추 1개, 방울토마토 4개, 블랙올리브 2개를 동그랗게 잘라주세요.

03

통밀 토르티야 위에 무설탕 토마토소스 2숟가락을 발라주세요.

04

닭가슴살, 오이맛고추, 방울토마토, 블랙올리브를 골고루 뿌려주세요.

05

체다치즈 2장을 길게 잘라 골고루 올려주세요.

06

에어프라이어에 넣고 180도에 10분 구워주세요.

떠먹는 고구마피자

주재료
- 고구마 1개(작은 크기)
- 닭가슴살 소시지 100g
- 방울토마토 4개
- 블랙올리브 2개
- 모차렐라 치즈 1줌
- 파슬리 조금

양념·소스
- 무설탕 토마토소스 2숟가락

조리시간 25분

율로리아 다이어트 TALKTALK
치즈는 탄수화물이 들어가지 않은 천연 모차렐라 치즈 또는 체다치즈를 사용합니다.

01

고구마 1개를 삶아서 으깨주세요.
💬 고구마는 전자레인지로 삶으면 편리해요.

02

닭가슴살 소시지 2개(100g), 방울토마토 4개, 블랙올리브 2개를 동그랗게 잘라주세요.

03

그릇에 으깬 고구마를 평평하게 펼치고 그 위에 무설탕 토마토소스 2숟가락을 발라주세요.

04

모차렐라 치즈 1줌을 뿌리고, 닭가슴살 소시지, 방울토마토, 블랙올리브를 골고루 올려주세요.

05
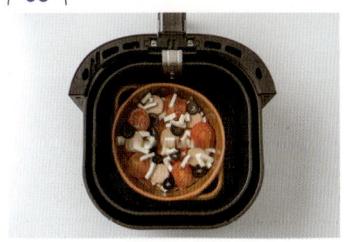
에어프라이어에 넣고 200도에 10분 구워주세요.

06

완성된 피자에 파슬리를 골고루 뿌려주세요.
💬 오븐 사용이 가능한 작은 그릇에 피자를 올려서 구워주세요.

반짱느엉

주재료
- 라이스페이퍼 2장
- 닭가슴살 100g
- 쪽파 3대
- 깻잎 2장
- 건새우 2숟가락
- 달걀물 1숟가락
- 체다치즈 2장

양념 · 소스
- 스리라차 소스 0.5숟가락

조리시간　10분
×
보관기간　당일

율로리아 다이어트 TALKTALK
닭가슴살이 물린다면 좀 더 연한 닭안심 부위를 사용해보세요. 단백질 함량은 적지만 부드러운 식감이 훨씬 먹기 편해요. 돼지고기나 새우, 참치 등을 사용하면 또 다른 맛의 반짱느엉을 맛볼 수 있어요.

01 쪽파 3대는 다지고, 깻잎 2장은 채를 썰어주세요.

02 닭가슴살 100g은 가늘게 찢어주세요.

03 프라이팬에 기름을 두르지 않고 건새우 2숟가락을 볶아주세요.

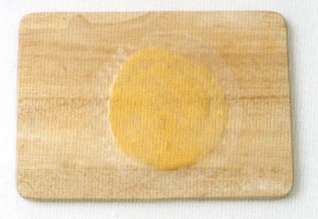

04 라이스페이퍼 위에 달걀물 1숟가락을 골고루 발라주세요.

05 건새우, 닭가슴살, 쪽파, 깻잎, 체다치즈 1장을 잘라서 올리고 스리라차 소스 0.5숟가락을 뿌린 후 약불에 구워주세요.

06 라이스페이퍼를 반으로 살짝 접어주세요.

💬 스리라차 소스의 매운맛을 원하지 않는다면 무설탕 토마토소스를 뿌립니다.

오징어순대

주재료(2~3인분)
- 오징어 2마리
- 두부 1모
- 달걀 2개
- 부추 1줌
- 당근 1개
- 대파 흰 부분 1/2대

양념 · 소스
- 소금 2꼬집
- 후춧가루 조금

조리시간 30분
×
보관기간 냉장 2일

율로리아 다이어트 TALKTALK
밀가루와 찹쌀을 넣지 않아 다이어트 걱정 없이 맛있게 먹을 수 있어요.

01 오징어 2마리는 몸통을 자르지 않은 상태로 내장을 빼고 깨끗이 씻어주세요.

02 부추 1줌, 대파 흰 부분 1/2대, 당근 1개를 다져주세요.

03 두부 1모를 으깬 후 다진 채소와 후춧가루 조금 넣고 섞어주세요.

04 달걀 2개를 소금 2꼬집을 넣고 풀어서 3의 재료에 섞어주세요.

05 오징어 속에 4의 두부 반죽을 꾹꾹 눌러 넣고 꼬치를 끼워 입구를 막아주세요.

06 찜기에 오징어순대를 넣고 쪄주세요.

07 두부가 부스러지지 않도록 조심조심 잘라주세요.

두부오징어볶음

주재료
- 오징어 1마리(2~3인분)
- 두부 1/2모
- 애호박 1/2개
- 당근 1/3개
- 양파 1/2개
- 홍고추 1개
- 대파 1/2대

양념·소스
- 코코넛오일 2숟가락
- 양조간장 1숟가락
- 고춧가루 1숟가락
- 알룰로스 0.5숟가락

조리시간 20분
×
보관기간 냉장 2일

욜로리아 다이어트 TALKTALK
두부오징어볶음은 다이어트를 하지 않는 가족과 함께 먹을 수 있는 메뉴예요. 밥 대신 두부를 넉넉히 준비해서 드세요.

01

오징어 1마리는 몸통을 자르지 않은 상태로 내장을 빼고 씻은 후 5mm 두께의 링 모양으로 잘라주세요.

02

애호박 1/2개는 5mm, 당근 1/3개는 2mm 두께로 반달썰기를 해주세요.

03

양파 1/2개는 5mm 두께로 채를 썰고, 홍고추 1개, 대파 1/2대는 어슷썰기를 해주세요.

04

두부 1/2모를 반으로 자른 후 5mm 두께로 잘라 프라이팬에 코코넛오일 1숟가락을 두르고 부쳐주세요.

05

프라이팬에 코코넛오일 1숟가락을 두르고 당근, 애호박, 양파를 볶아주세요.

06

5에 오징어, 양조간장 1숟가락, 고춧가루 1숟가락, 알룰로스 0.5숟가락을 넣고 볶아주세요.

💬 알룰로스는 생략해도 됩니다.

07
홍고추, 대파를 넣고 한 번 더 볶아주세요.

08

접시에 부친 두부와 오징어볶음을 담아주세요.

부추오믈렛

주재료
- 모둠해물 100g(1컵)
- 부추 1줌
- 달걀 1개
- 방울토마토 4개
- 양파 1/4개
- 체다치즈 1장

양념·소스
- 코코넛오일 1숟가락
- 소금 1꼬집

조리시간 10분
×
보관기간 당일

욜로리아 다이어트 TALKTALK
모둠해물 대신 잡채용 돼지고기를 넣어도 맛있습니다.

모둠해물 100g(1컵)을 데쳐주세요.

부추 1줌을 1.5cm 길이로 자르고, 양파 1/4개는 다져주세요.

방울토마토 4개를 반으로 잘라주세요.

코코넛오일 1숟가락을 두르고 다진 양파, 모둠해물, 방울토마토, 부추, 소금 1꼬집을 넣고 볶아서 따로 담아주세요.

달걀 1개를 풀어 약불에 부치세요.

달걀 밑부분이 살짝 익으면 팬 반 정도 4의 볶은 재료와 체다치즈 1장을 올려주세요.

달걀을 반으로 접어주세요.

단호박에그슬럿

주재료
- 단호박 1개(어른 주먹 크기)
- 닭가슴살 소시지 30g
- 달걀 1개
- 체다치즈 1장

💬 일반 단호박 작은 크기는 달걀 3개, 체다치즈 2~3장, 닭가슴살 소시지 70g을 사용합니다. 2~3인분 양이에요.

조리시간 20분
×
보관기간 당일

율로리아 다이어트 TALKTALK
닭가슴살 소시지 대신 훈제오리를 사용하면 또 다른 맛의 요리가 됩니다. 적은 양을 먹어도 배가 부르고 맛있는 다이어트 메뉴예요.

01

단호박 윗부분을 2cm 정도 잘라낸 후 속을 파주세요(호박씨가 많이 나와요).

💬 전자레인지에 돌리면 쉽게 속을 파낼 수 있어요.

02

체다치즈 1장을 3/4 크기로 잘라 단호박 속에 넣어주세요.

03

단호박 속에 달걀 1개를 넣고 포크로 노른자를 살짝 찔러 구멍을 내주세요.

04

닭가슴살 소시지 30g을 다져 단호박 속에 넣어주세요.

05

체다치즈 1장을 1/4 크기로 작게 살라서 넣어주세요.

06

잘라낸 단호박 뚜껑을 덮고 에어프라이어에 180도, 15분 구워주세요.

Index

ㄱ

간장치킨덮밥	62
감자참치샐러드	78
견과류치킨샌드위치	122
곤약두부꼬치	192
곤약잡채	160
구운가지두부샐러드	86

ㄷ

단탄지주먹밥	52
단호박에그슬럿	216
닭가슴살김밥	46
닭가슴살냉채	162
닭가슴살샌드위치	132
닭가슴살샐러드	96
닭가슴살양배추샐러드	80
닭가슴살채소볶음	60
닭가슴살토르티야	138
돼지목살샐러드	94
두부샌드위치	54
두부스테이크샌드위치	120
두부오징어볶음	212
두부유부초밥	40
두부토르티야	148
떠 먹는 고구마피자	206

ㄹ

라타투이	202
리코타치즈샐러드	104

ㅁ

매운새우떡볶이	190
메밀김밥	48
밀프렙 가지나물밥	74
밀프렙 곤드레나물비빔밥	72
밀프렙 새우볶음밥	70
밀프렙 소고기볶음밥	68

ㅂ

바지락순두부	182
반미	150
반숙란샌드위치	128
반짱느엉	208
밥 대신 두부김밥	42
밥 없는 단백질주먹밥	50
밥 없는 야채김밥	44
부추오믈렛	214
부추해물샐러드	100
분짜	194
불고기샌드위치	118
불고기토르티야	140
브로콜리두부샐러드	108

ㅅ

소고기덮밥	172
소고기뭇국	184
소고기미역국	186
소고기버섯국수	170
소고기숙주볶음	166
소고기짜장밥	66
소고기채소국수	168
쉬림프파스타샐러드	92
스테이크샐러드	90
시금치연어샐러드	106
시금치프리타타	32
시금치해물볶음	176

ㅇ

야채가득양배추롤	38
양배추두부쌈	34
양배추샐러드샌드위치	116
양배추참치두부롤	36
에그인헬	180
연어비빔밥	30
연어스테이크	174
연어콥샐러드	82
연어토르티야	146
오나오(오버나이트오트밀)	158
오이게살주먹밥	56
오이미역냉국수	196
오징어샐러드	110
오징어순대	210
오트밀참치죽	156
와사비게맛살샌드위치	124

우삼겹샐러드	102		햄치즈샌드위치	134	
우삼겹쌈밥	58		훈제삼겹살샐러드	84	
			훈제오리토르티야	144	
			훈제오리파채무침	164	

저칼로리 비빔밥　　　　64
쫄면인줄　　　　　　　198

참치샌드위치　　　　　126
참치샐러드　　　　　　88
참치치즈오트밀　　　　154
추억의 양배추샌드위치　114

콩국수　　　　　　　　200
크래미토르티야　　　　142
토달볶음　　　　　　　178
토르티야피자　　　　　204

푸실리에그샐러드　　　98

ㅎ

할라피뇨게맛살샌드위치　　　130
할라피뇨에그샐러드샌드위치　136

나만의 다이어트 식단표

		Mon	Tue	Wed
1 Week	아침			
	점심			
	저녁			
2 Week	아침			
	점심			
	저녁			
3 Week	아침			
	점심			
	저녁			
4 Week	아침			
	점심			
	저녁			

Thu	Fri	Sat	Sun

나만의 다이어트 식단표

		Mon	Tue	Wed
1 Week	아침			
	점심			
	저녁			
2 Week	아침			
	점심			
	저녁			
3 Week	아침			
	점심			
	저녁			
4 Week	아침			
	점심			
	저녁			

	Thu	Fri	Sat	Sun

memo